김선생
중등국어
어휘력

2단계

구성과 특징

국어가 어려운 이유는 어휘력이 부족하기 때문입니다.
어휘력이 늘어나면 국어뿐만 아니라 다른 과목의 이해도 수월해집니다.

이 책의 어휘들은 주로 중등 교과 연계 어휘들로 구성하였습니다.
필수 어휘를 학습할 수 있도록 해두었으며
어렵고 생소한 단어들도 알기 쉽도록 하였습니다.

필수 관용구와 고유어, 속담, 한자성어를 회차별로 나누어 정리할 수 있게 해두었습니다.
또한 문제풀이를 통해 효율적인 암기를 할 수 있게 하였습니다.
어휘 문제를 풀면서 어휘력을 키울 수 있도록 구성하였습니다.

모든 공부의 가장 기초이자 기본인 어휘!
어휘 공부에 관심을 가지고
꾸준히 단계를 밟아 나가며
어휘 실력을 쌓을 수 있기를 바랍니다.

목차

관용구

ㄱ

가로 뛰고 세로 뛰다	감정이 북받쳐 이리저리 날뛰다.
가면을 벗기다	거짓으로 꾸민 정체를 밝히다.
간발의 차이	서로 엇비슷할 정도의 아주 작은 차이. 예) 간발의차이로 만나지 못했다.
개 발싸개 같다	보잘것없이 허름하고 빈약한 것을 낮잡아 이르는 말.
고삐를 늦추다	경계심이나 긴장을 누그러뜨리다.
고양이와 개	서로 앙숙인 관계를 이르는 말.
괴발개발 그리다	글씨를 함부로 갈겨쓰다.
규각이 나다	(말이나 의견이) 서로 잘 맞지 않다.
그게 그거다	어떤 사실이나 일이 서로 차이가 없다.
극과 극을 달리다	의견, 평가, 처지 따위가 심하게 다르거나 대립되다.

본모습 : 본디의 모습.

빈약하다 : 형태나 내용이 충실하지 못하고 보잘것없다.

앙숙 : 앙심을 품고 서로 미워하는 사이.

처지 : 처하여 있는 사정이나 형편.

고유어

ㄱ

값하다	노력이나 희생의 값어치에 맞다.
강바람	강물 위에서나 강가에서 부는 바람.
거닐다	가까운 거리를 이리저리 한가로이 걷다. 예)일찍 와서 공원을 거닐고 있었다.
겉시늉	겉으로만 하는 체하는 일. 예) 그냥 겉시늉만 하는 걸 다른 사람들도 다 알아.
겨누다	활이나 총 따위를 쏠 때 목표물을 향해 방향과 거리를 잡다.
겨울빛	겨울을 느낄 수 있는 경치나 분위기. 예) 창문 밖으로 보이는 겨울빛 풍경.
궂은비	끄느름하게 오랫동안 내리는 비. 예)이제 궂은비가 그쳤다.
그즈음	과거의 어느 때부터 어느 때까지의 무렵. 예) 그즈음 내 마음이 돌아선 것 같다.
글솜씨	글을 쓰는 솜씨. 예)글솜씨를 인정받았다.
기지개	피곤할 때에 몸을 쭉 펴고 팔다리를 뻗는 일.
길싸움	길을 먼저 지나가려고 하는 싸움. 예) 유치하게 길싸움이나 하고

희생 : 다른 사람이나 어떤 목적을 위하여 자신의 목숨, 재산, 명예, 이익 따위를 바치거나 버림. 또는 그것을 빼앗김.

끄느름하다 : 날이 흐리어 어둠침침하다.

속담

ㄱ

가는 날이 장날	일을 보러 가니 공교롭게 장이 서는 날이라는 뜻으로, 어떤 일을 하려고 하는데 뜻하지 않은 일을 공교롭게 당함을 비유적으로 이르는 말.
가랑잎으로 눈 가리기	자기의 존재나 허물을 숨기려고 미련하게 애쓰는 경우를 비유적으로 이르는 말.
가랑잎이 솔잎더러 바스락거린다고 한다	더 바스락거리는 가랑잎이 솔잎더러 바스락거린다고 나무란다는 뜻으로, 자기의 허물은 생각하지 않고 도리어 남의 허물만 나무라는 경우를 비유적으로 이르는 말.
가죽이 있어야 털이 나지	무엇이나 그 바탕이 있어야 생길 수 있음을 비유적으로 이르는 말.
거지가 꿀 얻어먹기	매우 일어나기 어려운 일을 이르는 말.
고래 싸움에 새우 등 터진다	강한 자들끼리 싸우는 통에 아무 상관도 없는 약한 자가 중간에 끼어 피해를 입게 됨을 비유적으로 이르는 말.
고양이 세수하듯	세수를 하되 콧등에 물만 묻히는 정도로 하나 마나 하게 함을 이르는 말.
기침에 재채기	어려운 일이 공교롭게 계속됨을 이르는 말.

한자성어

ㄱ

갑론을박	여러 사람이 서로 자신의 주장을 내세우며 상대편의 주장을 반박함.
거두절미	① 머리와 꼬리를 잘라 버림. ② 어떤 일의 요점만 간단히 말함.
격물치지	실제 사물의 이치를 연구하여 지식을 완전하게 함.
고립무원	고립되어 구원을 받을 데가 없음.
곡학아세	바른 길에서 벗어난 학문으로 세상 사람에게 아첨함.
관포지교	관중과 포숙의 사귐이란 뜻으로, 우정이 아주 돈독한 친구 관계를 이르는 말.
교언영색	아첨하는 말과 알랑거리는 태도.
군계일학	닭의 무리 가운데에서 한 마리의 학이란 뜻으로, 많은 사람 가운데서 뛰어난 인물을 이르는 말.
귤화위지	회남의 귤을 회북에 옮겨 심으면 탱자가 된다는 뜻으로, 환경에 따라 사람이나 사물의 성질이 변함을 이르는 말.
극락왕생	죽어서 극락에 다시 태어남.
기사회생	거의 죽을 뻔하다가 도로 살아남.

[side notes]

허물: 잘못 저지른 실수.

엄연하다: 어떠한 사실이나 현상이 부인할 수 없을 만큼 뚜렷하다.

공교롭다: 생각지 않았거나 뜻하지 않았던 사실이나 사건과 우연히 마주치게 된 것이 기이하다고 할 만하다.

반박: 어떤 의견, 주장, 논설 따위에 반대하여 말함.

고립: 다른 사람과 어울리어 사귀지 아니하거나 도움을 받지 못하여 외톨이로 됨.

아첨: 남의 환심을 사거나 잘 보이려고 알랑거림. 또는 그런 말이나 짓.

극락: 더없이 안락해서 아무 걱정이 없는 경우와 처지. 또는 그런 장소.

가감	더하거나 빼는 일. 또는 그렇게 하여 알맞게 맞추는 일.	
가결	회의에서, 제출된 의안을 합당하다고 결정함. 예) 안건이 근소한 차이로 <u>가결</u>되었다.	근소한: 얼마 되지 않을 만큼 아주 적다.
가공식품	농산물, 축산물, 수산물 따위를 인공적으로 처리하여 만든 식품.	
가교	서로 떨어져 있는 것을 이어 주는 사물이나 사실.	
가문	가족 또는 가까운 일가로 이루어진 공동체. 또는 그 사회적 지위.	일가: 한집안.
가령	① 가정하여 말하여. ② 예를 들어.	
가명	실제의 자기 이름이 아닌 이름. 예) 영희는 그곳에서 <u>가명</u>을 쓰고 있었다.	
가맹	동맹이나 연맹, 단체에 가입함.	
가사	가곡, 가요, 오페라 따위로 불릴 것을 전제로 하여 쓰인 글.	오페라: 음악을 중심으로 한 종합 무대예술.
가상	사실이 아니거나 사실 여부가 분명하지 않은 것을 사실이라고 가정하여 생각함.	
가열	어떤 물질에 열을 가함. 예) 조금 <u>가열</u>한 뒤에 지켜보기로 했다.	
가정하다	사실이 아니거나 또는 사실인지 아닌지 분명하지 않은 것을 임시로 인정하다.	임시: 미리 정하지 아니하고 그때그때 필요에 따라 정한 것.
각색	흥미나 강한 인상을 주기 위하여 실제로 없었던 것을 보태어 사실인 것처럼 꾸밈.	
간결하다	간단하고 깔끔하다. 예) <u>간결한</u> 문장으로 작성했다.	
간략히	간단하고 짤막하게. 예) <u>간략히</u> 요약하여 말씀해 주세요.	
간병하다	앓는 사람이나 다친 사람을 곁에서 돌보고 시중을 들다.	
간악무도	간사하고 악독하며 도리에 어긋나는 데가 있음. 예) 그는 잔인하고 <u>간악무도한</u> 자였다.	악독하다: 마음이 흉악하고 독하다.
간택하다	여럿 가운데에서 골라내다. 예) 왕은 그녀를 왕비로 <u>간택</u>했다.	
간호	다쳤거나 앓고 있는 환자나 노약자를 보살피고 돌봄.	노약자: 늙거나 약한 사람.
갈망하다	어떤 일을 감당하여 수습하고 처리하다.	
감량하다	수량이나 무게를 줄이다. 예) 그는 짧은 기간에 무려 10kg이나 <u>감량</u>했다.	
감면하다	매겨야 할 부담 따위를 덜어 주거나 면제하다.	면제: 책임이나 의무 따위를 면하여 줌.
감상	주로 예술 작품을 이해하여 즐기고 평가함.	
감수하다	외부의 영향을 수동적으로 받아들이다. 예) 그는 위험을 <u>감수하고</u> 뛰어들었다.	
개발하다	지식이나 재능 따위를 발달하게 하다.	
개화하다	풀이나 나무의 꽃이 피다. 예) 긴 겨울이 지나고 진달래와 개나리가 <u>개화</u>했다.	객지: 자기 집을 멀리 떠나 임시로 있는 곳.
객사	객지에서 죽음. 예) 결국 <u>객사</u>했다는 소식이 들려왔다.	

건의하다	개인이나 단체가 의견이나 희망을 내놓다. 예) 함께 건의해봅시다.
겸허히	스스로 자신을 낮추고 비우는 태도로. 예)결과는 겸허히 받아들일 것이다.
경청하다	공경하는 마음으로 듣다. 예) 우리 모두가 경청하고 있습니다.
고속도로	차의 빠른 통행을 위하여 만든 차 전용의 도로.
고의적	일부러 하는. 또는 그런 것. 예)너 고의적으로 모른다고 한 거지?
공허하다	①아무것도 없이 텅 비다. ② 실속이 없이 헛되다.
과대평가	실제보다 지나치게 높이 평가함. 또는 그런 평가.
과반수	절반이 넘는 수. 예)찬성이 과반수가 넘었으므로 이번 안건은 가결되었습니다.
과부하	일을 너무 많이 맡은 상태.
과수원	과실나무를 심은 밭. 예) 할머니의 과수원에 가보고 싶었다.
과언	지나치게 말을 함. 또는 그 말. 예) 천재라고 해도 과언이 아니다.
괴사	생체 내의 조직이나 세포가 부분적으로 죽는 일. 예) 괴사한 조직을 제거했다.
교차	서로 엇갈리거나 마주침.
교훈	앞으로의 행동이나 생활에 지침이 될 만한 것을 가르침. 또는 그런 가르침.
구도	그림에서 모양, 색깔, 위치 따위의 짜임새. 예) 이 그림은 구도가 참 멋지다.
구면	예전부터 알고 있는 처지. 또는 그런 사람. 예) 소정이와는 구면이었다.
궁핍하다	몹시 가난하다. 예) 비록 궁핍한 살림이었지만 불평하지 않았다.
권유하다	어떤 일 따위를 하도록 권하다. 예) 형이 동생에게 줄넘기를 하라고 권유했다.
귀가	집으로 돌아가거나 돌아옴. 예) 밤 늦게 귀가했다.
귀속	재산이나 영토, 권리 따위가 특정 주체에 붙거나 딸림.
기거하다	일정한 곳에서 먹고 자고 하는 따위의 일상적인 생활을 하다.
기교	기술이나 솜씨가 아주 교묘함. 또는 그런 기술이나 솜씨.
기류	어떤 일이 진행되는 추세나 분위기를 비유적으로 이르는 말.
기약	때를 정하여 약속함. 또는 그런 약속.
기원	사물이 처음으로 생김. 또는 그런 근원.
기준	기본이 되는 표준. 예) 우열을 가리는 기준이 무엇입니까?
기초	사물이나 일 따위의 기본이 되는 토대. 예) 기초가 튼튼해야 합니다.

공경하다: 공손히 받들어 모시다.

과실나무: 열매를 얻기 위하여 가꾸는 나무를 통틀어 이르는 말.

짜임새: 글, 이론 따위의 내용이 앞뒤의 연관과 체계를 제대로 갖춘 상태.

추세: 어떤 현상이 일정한 방향으로 나아가는 경향.

근원:사물이 비롯되는 근본이나 원인.

관용구 ....

빈 칸에 알맞은 낱말을 쓰시오.

1) | ㄱ | ㅃ | 를 늦추다
   · 경계심이나 긴장을 누그러뜨리다.

2) | ㄱ | | 다 | 를 배우다.
   · 어떤 지식이나 기술을 배우는 데 겨우 기초를 시작하다.

3) | 가 | ㅂ | 의 차이.
   · 서로 엇비슷할 정도의 아주 작은 차이.

4) | | 가 질리다.
   · (사람이 무엇에) 겁이 나서 용기가 없어지다.

고유어 ....

밑줄 친 낱말의 알맞은 뜻을 찾아 번호를 쓰시오.

1) 빨리 가려다가 그만 길싸움이 났다. (   )

2) 궂은비가 그토록 내리더니 드디어 화창해졌구나. (   )

3) 날이 추워지더니 거리엔 겨울빛이 가득하다. (   )

4) 책을 많이 읽더니 글솜씨가 일품이다. (   )

5) 사람들의 시선이 각시탈로 향했다. (   )

6) 아마도 그즈음 벨이 울렸던 것 같다. (   )

7) 한동안 가마솥더위가 이어질 전망이다. (   )

① 끄느름하게 오랫동안 내리는 비
② 길을 먼저 지나가려고 하는 싸움.
③ 겨울을 느낄 수 있는 경치나 분위기.
④ 연지 · 곤지를 찍어 화장한 여성의 얼굴 모양으로 만든 나무탈.
⑤ 과거의 어느 때부터 어느 때까지의 무렵.
⑥ 가마솥을 달굴 때의 아주 뜨거운 기운처럼 몹시 더운 날씨를 비유적으로 이르는 말.
⑦ 글을 쓰는 솜씨.

속담

속담의 뜻을 찾아 연결하시오.

1) 코가 어디 붙은지 모른다 ●

2) 고래 싸움에 새우 등 터진다 ●

3) 기르던 개에게 다리를 물렸다 ●

4) 고름이 살 되랴 ●

5) 고양이 세수하듯 ●

6) 가랑잎이 솔잎더러 바스락거린다고 한다 ●

● ㉠ 은혜를 베푼 사람으로부터 큰 화를 입음을 비유적으로 이르는 말.

● ㉡ 강한 자들끼리 싸우는 통에 아무 상관도 없는 약한 자가 중간에 끼어 피해를 입게 됨을 비유적으로 이르는 말.

● ㉢ 그 사람이 어떻게 생겼는지 모른다는 뜻으로, 전혀 모르는 사람이라는 말.

● ㉣ 남이 하는 것을 흉내만 내고 그침을 이르는 말.

● ㉤ 이미 그릇된 일이 다시 잘되는 경우는 없을 것이라는 말.

● ㉥ 더 바스락거리는 가랑잎이 솔잎더러 바스락거린다고 나무란다는 뜻으로, 자기의 허물은 생각하지 않고 도리어 남의 허물만 나무라는 경우를 비유적으로 이르는 말.

한자성어

보기를 보고 빈칸에 알맞은 말을 쓰시오.

1) 실제 사물의 이치를 연구하여 지식을 완전하게 함.

2) 아첨하는 말과 알랑거리는 태도.

3) 고립되어 구원을 받을 데가 없음.

4) 관중과 포숙의 사귐이란 뜻으로, 우정이 아주 돈독한 친구 관계를 이르는 말.

5) 거의 죽을 뻔하다가 도로 살아남.

6) 지위가 높고 훌륭한 벼슬. 또는 그런 위치에 있는 사람.

7) 눈을 비비고 상대편을 본다는 뜻으로, 남의 학식이나 재주가 놀랄 만큼 부쩍 늚을 이르는 말.

8) 회남의 귤을 회북에 옮겨 심으면 탱자가 된다는 뜻으로, 환경에 따라 사람이나 사물의 성질이 변함을 이르는 말.

보기

귤화위지   격물치지   교언영색   고립무원

관포지교   기사회생   고관대작   괄목상대

어휘 탐구 ....

빈 칸에 알맞은 말을 쓰시오.

1) ☐ 가 │ 없이 이야기했다.

· 더하거나 빼는 일. 또는 그렇게 하여 알맞게 맞추는 일.

2) 그 안건은 결국 ☐ │ 되었다.

· 회의에서, 제출된 의안을 합당하다고 결정함.

3) 요즘 아픈 할머니를 가 │ 하느라 바쁘다.

· 다쳤거나 앓고 있는 환자나 노약자를 보살피고 돌봄.

4) 그 노래의 ☐ │ 는 강렬한 여운을 남겼다.

· 가곡, 가요, 오페라 따위로 불릴 것을 전제로 하여 쓰인 글.

5) 아무래도 그 문제를 다시 │ 로 해야 할 것 같다.

· 어떤 사항을 논제로 삼아 제기하거나 논의함.

6) 이곳에 ☐ 랴 ㅎ │ 그 내용을 작성하세요.

· 간단하고 짧막하게.

7) 외근을 마치고 늦게 ☐ │ 했다.

· 집으로 돌아가거나 돌아옴.

8) 너무 늦게 병원을 찾아 이미 조직의 일부가 │ ㅅ │ 한 상태였다.

· 생체 내의 조직이나 세포가 부분적으로 죽는 일.

9) 선생님의 ☐ ㅇ │ 에 따라 다시 한 번 과학관에 다녀오기로 결심했다.

· 어떤 일 따위를 하도록 권함.

10) 우리 │ 며 │ 이죠?

· 예전부터 알고 있는 처지. 또는 그런 사람.

10

11) 예산이 축소되어 | 기 | ㅊ | 이 불가피하다.

· 재정의 기초를 다지기 위하여 지출을 줄임.

12) | 겨 | | 하여 주신 여러분께 감사의 말씀 드립니다.

· 공경하는 마음으로 듣다.

13) 세련된 | ㄱ | | 가 돋보이는 글이었다.

· 기술이나 솜씨가 아주 교묘함. 또는 그런 기술이나 솜씨.

14) 그 우화의 | ㄱ | | 을 잊지 마라.

· 앞으로의 행동이나 생활에 지침이 될 만한 것을 가르침. 또는 그런 가르침.

15) 그는 자신의 신분을 숨기고 | ㄱ | 며 | 을 사용했다.

· 실제의 자기 이름이 아닌 이름.

16) 무리한 다이어트로 인해 10kg나 | 가 | | 했지만 건강을 해쳤다.

·수량이나 무게를 줄이다.

17) 내가 널 너무 | 과 | ㄷ | | ㄱ | 했나 보다.

·실제보다 지나치게 높이 평가함. 또는 그런 평가.

18) 무슨 일이든 | ㄱ | ㅊ | 가 중요하다.

·사물이나 일 따위의 기본이 되는 토대.

19) 요즘 아픈 누나를 | ㄱ | 벼 | 하느라 바쁘다.

·앓는 사람이나 다친 사람을 곁에서 돌보고 시중을 들다.

20) 그 문제에 관해서는 회의 시간에 정식으로 | 거 | ㅇ | 할 생각이야.

·개인이나 단체가 의견이나 희망을 내놓음. 또는 그 의견이나 희망.

관용구

🔔

까무러치기 일보 직전이다	(사람이) 몹시 놀랄 만큼 기분이 좋거나 나쁘다.
꼬리를 감추다	자취를 감추다. 예) <u>꼬리를 감춘</u>지 오래다.
꼬집어 말하다	분명하게 꼭 집어서 말하다.
꼼짝 못 하다	남의 힘이나 위엄에 눌리어 조금도 기를 펴지 못하다.
꽁무니를 빼다	슬그머니 피하여 물러나다.
꽉 잡고 있다	주도권을 차지하고 있다.
꿀이 떨어지다	바라보는 눈빛이 다정하고 사랑스럽다.
꿀꺽 삼키다	(사람이 물건이나 돈을) 혼자 모조리 차지하다.
꿈을 깨다	희망을 낮추거나 버리다.
꿈에도 없다	생각조차 해 본 일이 없다. 예) <u>꿈에도 없던</u> 일이 생겼다.

위엄 : 존경할 만한 위세가 있어 점잖고 엄숙함. 또는 그런 태도나 기세.

주도권 : 주동적인 위치에서 이끌어 나갈 수 있는 권리나 권력.

고유어

🔔

까까머리	빡빡 깎은 머리. 또는 그런 머리 모양을 한 사람.
까다	껍질 따위를 벗기다.
까다롭다	성미나 취향 따위가 원만하지 않고 별스럽게 까탈이 많다.
까르르	주로 여자나 아이들이 한꺼번에 지지러지게 웃는 소리. 또는 그 모양.
까마득하다	앞으로 어떻게 해야 할지 막막하다.
까무러치다	얼마 동안 정신을 잃고 죽은 사람처럼 되다.
까불다	① 가볍고 조심성 없이 함부로 행동하다. ② 건방지고 주제넘게 굴다.
까짓	별것 아닌. 또는 하찮은.
까칠하다	야위거나 메말라 살갗이나 털이 윤기가 없고 조금 거칠다.
깐죽거리다	쓸데없는 소리를 밉살스럽고 짓궂게 들러붙어 계속 지껄이다.
깔보다	얕잡아 보다.
깜빡거리다	기억이나 의식 따위가 자꾸 잠깐씩 흐려지다.

취향 : 하고 싶은 마음이 생기는 방향. 또는 그런 경향.

건방지다 : 잘난 체 하거나 남을 낮추어 보듯이 행동하는 데가 있다.

꼬마	어린아이를 귀엽게 이르는 말.
꼬박	모르는 사이에 순간적으로 잠이 드는 모양.
꼬부라지다	마음이나 성미가 바르지 아니하다.
꼭두각시	남의 조종에 따라 움직이는 사람이나 조직을 비유적으로 이르는 말.
꽃피다	어떤 일이 발전하거나 번영하다.
꽈배기	① 밀가루나 찹쌀가루 따위를 반죽하여 엿가락처럼 가늘고 길게 늘여 두 가닥으로 꽈서 기름에 튀겨 낸 과자. ② 사물을 비꼬아서 말하기 좋아하는 사람을 비유적으로 이르는 말.
꾀병	거짓으로 병을 앓는 체하는 짓.
꾐	어떠한 일을 할 기분이 생기도록 남을 꾀어 속이거나 부추기는 일.
꾐수	남을 꾀어 속여 넘기는 수단.

고스란히 : 건드리지 아니하여 조금도 축이나거나 변하지 아니하고 그대로 온전한 상태로.

수단 : ① 어떤 목적을 이루기 위한 방법. 또는 그 도구. ② 일을 처리하여 나가는 솜씨와 꾀.

속담

ㄲ

까마귀 호통	제가 생긴 것은 모르고 주제넘게 남에게 호통침을 비유적으로 이르는 말.
깎아 놓은 밤알 같다	생김새나 겉모양이 말쑥하고 깔끔한 사람을 이르는 말.
깨어진 그릇	다시 본래대로 바로잡거나 돌이킬 수 없는 일을 비유적으로 이르는 말.
꿀 먹은 벙어리	속에 있는 생각을 나타내지 못하는 사람을 비유적으로 이르는 말.
꿀도 약이라면 쓰다	좋은 말이라도 충고라면 듣기 싫어함을 비유적으로 이르는 말.
꿈에 본 돈	좋기는 좋았으나 결코 얻을 수 없는 허황된 것이라는 뜻으로, 아무리 좋아도 제 손에 넣을 수 없다는 말.
꿩 구워 먹은 소식	소식이 전혀 없음을 비유적으로 이르는 말.
꿩 먹고 알 먹기	한 가지 일을 하여 두 가지 이상의 이익을 얻는다는 말.
끈이 길다	남모르게 하는 일이 너무 오래 계속되다.
끼니 없는 놈에게 점심 의논	작은 걱정을 가진 사람이 큰 걱정을 가진 사람에게 도와 달라고 하는 경우를 비유적으로 이르는 말.

말쑥하다 : 지저분함이 없이 말끔하고 깨끗하다.

허황하다 : 헛되고 황당하며 미덥지 못하다.

관용구

빈 칸에 알맞은 낱말을 쓰시오.

1) [　][ㄹ]를 감추다.

· 자취를 감추다.

2) [　][ㅁ][ㄴ]를 빼다.

· 슬그머니 피하여 물러나다.

3) [ㄲ][　] 삼키다.

· (사람이 물건이나 돈을) 혼자 모조리 차지하다.

4) [　]이 떨어지다.

· 바라보는 눈빛이 다정하고 사랑스럽다.

고유어

밑줄 친 낱말의 알맞은 뜻을 찾아 번호를 쓰시오.

1) 진영이의 동생이 까르르 웃기 시작했다. (　　　)

2) 다른 사람을 깔보는 그 태도부터 고쳐라. (　　　)

3) 은근히 까다로운 성미 때문에 힘들다.(　　　)

4) 막상 일을 그만두고 나니 어떻게 살아야 할지 까마득하다. (　　　)

5) 사과는 하지 않고 오히려 간죽거리고 있으니 어이가 없다. (　　　)

6) 지금 어디서 까불고 있어!(　　　)

7) 마지막으로 봤을 때보다 훨씬 까칠해진 모습이었다. (　　　)

> ① 얕잡아 보다.
> ② 주로 여자나 아이들이 한꺼번에 자지러지게 웃는 소리. 또는 그 모양.
> ③ 앞으로 어떻게 해야 할지 막막하다.
> ④ 쓸데없는 소리를 밉살스럽고 짓궂게 들러붙어 계속 지껄이다.
> ⑤ 건방지고 주제넘게 굴다.
> ⑥ 야위거나 메말라 살갗이나 털이 윤기가 없고 조금 거칠다.
> ⑦ 성미나 취향 따위가 원만하지 않고 별스럽게 까탈이 많다.

속담

속담의 뜻을 찾아 연결하시오.

1) 꿩 먹고 알 먹기 ●

2) 꿀 먹은 벙어리 ●

3) 꿈에 본 돈 ●

4) 깨어진 그릇 ●

5) 끈이 길다 ●

6) 깎아 놓은 밤알 같다 ●

● ㄱ 남모르게 하는 일이 너무 오래 계속되다.

● ㄴ 한 가지 일을 하여 두 가지 이상의 이익을 얻는다는 말.

● ㄷ 다시 본래대로 바로잡거나 돌이킬 수 없는 일을 비유적으로 이르는 말.

● ㄹ 생김새나 겉모양이 말쑥하고 깔끔한 사람을 이르는 말

● ㅁ 속에 있는 생각을 나타내지 못하는 사람을 비유적으로 이르는 말.

● ㅂ 좋기는 좋았으나 결코 얻을 수 없는 허황된 것이라는 뜻으로, 아무리 좋아도 제 손에 넣을 수 없다는 말.

어휘

1) ☐☐ 을 부리는 것을 다 알고 있다.
· 거짓으로 병을 앓는 체하는 짓.

2) 잠시 쉰다는 것이 ㄲ ㅂ 잠이 들었다.
· 모르는 사이에 순간적으로 잠이 드는 모양.

3) 오랜만에 ㅂ ㄱ 를 먹으러 갔다.
· 밀가루나 찹쌀가루 따위를 반죽하여 엿가락처럼 가늘고 길게 늘여 두 가닥으로 꽈서 기름에 튀겨 낸 과자.

4) 귀여운 ㄲ ㅁ 가 걸어간다.
· 어린아이를 귀엽게 이르는 말.

관용구

ㄴ

나 죽었소 하다	있어도 없는 듯이 처신하다. 예문) 힘들지만 그냥 <u>나 죽었소</u>하고 버티는 중이야.
날 것 같다	몸이나 마음이 매우 가볍다. 예문) 아침 운동을 다녀오니 <u>날 것 같</u>아요.
너는 너고 나는 나다	너는 너대로 하고 나는 나대로 한다는 뜻으로, 서로 같지 않고 자기식대로 한다는 말.
낙동강 오리알	무리에서 떨어져 나오거나 홀로 처량하게 된 신세를 비유적으로 이르는 말.
노루 잠자듯	조금밖에 못 잠을 비유적으로 이르는 말. 예문)일정이 바빠 계속 <u>노루 잠자듯</u> 했다.
녹을 먹다	벼슬아치가 되어 녹봉을 받다. 예문) 이렇게 <u>녹을 먹</u>고 산 지가 벌써 20년이다.
누구 할 것 없다	누구라고 가려 말할 것이 없이 다 그러하다. 예문) <u>누구 할 것 없</u>이 모두가 함께해야 해.
눈이 높다	① 정도 이상의 좋은 것만 찾는 버릇이 있다. ② 안목이 높다.
눈물을 거두다	울음을 그치다. 예문) 이제 <u>눈물을 거두</u>고 정신을 차려야 할 때야.
눈치를 보다	남의 마음과 태도를 살피다. 예문)왜 그렇게 <u>눈치</u>만 보고 있어?

처신 : 세상을 살아 가는 데 가져야 할 몸가짐이나 행동.

처량하다 : ① 마음 이 구슬퍼질 정도 로 외롭거나 쓸쓸 하다. ② 초라하고 가엾다.

녹봉 : 벼슬아치에 게 일 년 또는 계절 단위로 나누어 주 던 금품을 통틀어 이르는 말.

고유어

ㄴ

나누다	하나를 둘 이상으로 가르다.
나대다	깝신거리고 나다니다. 예문)그렇게 <u>나대</u>더니 실수할 줄 알았다.
나비눈	못마땅해서 눈알을 굴려, 보고도 못 본 체하는 눈짓.
납작코	콧날이 서지 않고 납작하게 가로퍼진 코. 또는 그런 코를 가진 사람.
내놓다	물건을 밖으로 옮기거나 꺼내 놓다.
놀잇감	놀이 또는 아동 교육 현장 따위에서 활용되는 물건이나 재료.
넌더리	지긋지긋하게 몹시 싫은 생각. 예문) 생각만 해도 <u>넌더리</u>가 난다.
눈가늠	눈으로 어림잡아 목표나 기준에 대어 보는 일.
늦더위	여름이 다 가도록 가시지 않는 더위. 예문)비가 온 뒤에도 <u>늦더위</u>가 이어졌다.
늦다	정해진 때보다 지나다.
내뻗치다	세차게 뻗치다.
냠냠하다	맛있게 먹다.
너비아니	얇팍하게 저며 갖은양념을 하여 구운 쇠고기. 예문)<u>너비아니</u>가 세일을 해서 사왔어.

깝신거리다 : 고개 나 몸을 방정맞게 자꾸 조금 숙이다.

어림잡다 : 짐작으 로 헤아려 보다.

갖은양념 : 음식의 맛을 돋우기 위해 쓰는 갖가지 재료 의 양념.

속담

나간 머슴이 일은 잘했다	사람은 무엇이든지 지나간 것, 잃은 것을 애석하게 여기고 현재 가지고 있는 것보다 이전 것이 더 낫다고 생각함을 비유적으로 이르는 말.
나이가 아깝다	① 하는 짓이나 말이 그 나이에 어울리지 아니하게 유치하다. ② 일찍 죽거나 불행을 당하여 안타깝다.
나이는 못 속인다	나이를 아무리 속이려고 해도 행동의 이모저모에서 그 티가 반드시 드러나고야 맒을 비유적으로 이르는 말.
남의 말 하기는 식은 죽 먹기	남의 잘못을 드러내어 말하는 것은 아주 쉬운 일임을 비유적으로 이르는 말.
놀란 토끼 벼랑 바위 쳐다보듯	말은 못 하고 눈만 껌벅거리며 쳐다보는 모양을 비유적으로 이르는 말.
누구나 먹을 복과 묻힐 땅은 타고난다	아무리 가난한 사람이라도 살아서 먹을 것은 있으며 죽어서 묻힐 땅은 있다는 말.
누구나 저 잘난 멋에 산다	사람은 다 나름대로 자기가 잘났다고 생각한다는 말.

유치하다 : ① 나이가 어리다. ② 수준이 낮거나 미숙하다.

한자성어

나나지성	푸닥거리하는 소리.
난상토의	충분히 의견을 나누어 토의함. 또는 그런 토의.
난행고행	① 아주 심하게 고생함. ② 몹시 괴로운 수행.
낭중취물	주머니 속에서 물건을 꺼내듯이 아주 손쉽게 얻을 수 있음을 이르는 말.
내허외식	속은 비고 겉치레만 함.
노발대성	몹시 노하여 성을 내며 지르는 큰 목소리.
노익장	늙었지만 의욕이나 기력은 점점 좋아짐. 또는 그런 상태.
녹의홍상	① 연두저고리와 다홍치마. ② 곱게 차려입은 젊은 여자의 옷차림을 이르는 말.
논공행상	공적의 크고 작음 따위를 논의하여 그에 알맞은 상을 줌.
농한희어	낙서와 농담을 아울러 이르는 말.
누란지위	층층이 쌓아 놓은 알의 위태로움이라는 뜻으로, 몹시 아슬아슬한 위기를 비유적으로 이르는 말
능간능수	일을 잘 해치우는 재간과 익숙한 솜씨.

토의 : 어떤 문제에 대하여 검토하고 협의함.

경계 : 사물이 어떠한 기준에 의하여 분간되는 한계.

ㄴ

나약하다	① 의지가 굳세지 못하다. ② 몸이 가냘프고 약하다.
나열하다	① 죽 벌여 놓다. ② 나란히 줄을 짓다.
나포	① 죄인을 붙잡음. ② 사람이나 배, 비행기 등을 사로잡음.
낙서	글자, 그림 따위를 장난으로 아무 데나 함부로 씀. 또는 그 글자나 그림.
낙담하다	바라던 일이 뜻대로 되지 않아 마음이 몹시 상하다.
낙뢰	벼락이 떨어짐. 또는 그 벼락.
낙심	바라던 일이 이루어지지 아니하여 마음이 상함.
낙오	① 대오에서 처져 뒤떨어짐. ② 사회나 시대의 진보에 뒤떨어짐.
난간	층계, 다리, 마루 따위의 가장자리에 일정한 높이로 막아 세우는 구조물.
난동	질서를 어지럽히며 마구 행동함. 또는 그런 행동.
난조	정상에서 벗어나거나 조화를 잃은 상태.
난항	여러 가지 장애 때문에 일이 순조롭게 진행되지 않음을 비유적으로 이르는 말.
남발하다	어떤 말이나 행동 따위를 자꾸 함부로 하다.
납부하다	세금이나 공과금 따위를 관계 기관에 내다.
내막	겉으로 드러나지 아니한 일의 속 내용.
내빈	모임에 공식적으로 초대를 받고 온 사람.
내성	약물의 반복 복용에 의해 약효가 저하하는 현상.
냉각	식어서 차게 됨. 또는 식혀서 차게 함.
냉동	생선이나 육류 따위를 신선하게 보관하기 위해 얼림.
냉랭하다	① 온도가 몹시 낮아서 차다. ② 태도가 정답지 않고 매우 차다.
노고	힘들여 수고하고 애씀.
노동	사람이 생활에 필요한 물자를 얻기 위하여 육체적 정신적 노력을 들이는 행위.
노력	목적을 이루기 위하여 몸과 마음을 다하여 애를 씀.
노련하다	많은 경험으로 익숙하고 능란하다.
노략하다	떼를 지어 돌아다니며 사람을 해치거나 재물을 강제로 빼앗다.
노비	사내종과 계집종을 아울러 이르는 말.
노무	임금을 받으려고 육체적 노력을 들여서 하는 일. 또는 힘들게 하는 일.
노숙인	길이나 공원 등지에서 한뎃잠을 자는 사람.

죄인 : ① 죄를 지은 사람. ② 부모의 상중에 스스로를 남에게 이르는 말.

대오 : 편성된 대열.

초대 : ① 어떤 모임에 참가해 줄 것을 청함. ② 사람을 불러 대접함.

임금 : 근로자가 노동의 대가로 사용자에게 받는 보수. 급료, 봉급, 수당, 상여금 따위가 있으며 현물 급여도 포함된다

노안	노쇠한 얼굴. 또는 노인의 얼굴.
노예	남의 소유물로 되어 부림을 당하는 사람.
노인	나이가 들어 늙은 사람.
노점	길가의 한데에 물건을 벌여 놓고 장사하는 곳.
노폐물	생체 내에서 생성된 대사산물 중 생체에서 필요 없는 것.
노출되다	겉으로 드러나다.
노화	사람의 노년기에 나타나는 노인성 변화.
녹취하다	방송 따위의 내용을 녹음하다. 또는 녹음한 것을 글로 옮겨 기록하다.
논란	여럿이 서로 다른 주장을 내며 다툼.
논리	말이나 글에서 사고나 추리 따위를 이치에 맞게 이끌어 가는 과정이나 원리.
논술	어떤 것에 관하여 의견을 논리적으로 서술함. 또는 그런 서술.
논어	유교 경전인 사서(四書)의 하나. 공자와 그의 제자들의 언행을 적은 것.
논쟁	서로 다른 의견을 가진 사람들이 각각 자기의 주장을 말이나 글로 논하여 다툼.
논제	논설이나 논문, 토론 따위의 주제나 제목.
논지	논하는 말이나 글의 취지.
논평	어떤 글이나 말 또는 사건 따위의 내용에 대하여 논하여 비평함. 또는 그런 비평.
농가	농사를 본업으로 하는 사람의 집. 또는 그런 가정.
농간	남을 속이거나 남의 일을 그르치게 하려는 간사한 꾀.
농성	어떤 목적을 이루기 위하여 한자리를 떠나지 않고 시위함.
농촌	주민의 대부분이 농업에 종사하는 마을이나 지역.
농후하다	① 맛, 빛깔, 성분 따위가 매우 짙다. ② 어떤 경향이나 기색 따위가 뚜렷하다.
냉각	식어서 차게 됨. 또는 식혀서 차게 함.
뇌사	뇌의 기능이 완전히 멈추어 본디 상태로 되돌아가지 않는 상태.
뇌파	뇌의 활동에 의하여 일어나는 전류. 간질, 따위의 뇌 질환 진단에 이용한다.
뇌물	어떤 직위에 있는 사람을 매수하여 이용하기 위하여 건네는 부정한 돈이나 물건.
누설하다	비밀이 새어 나가다. 또는 그렇게 하다.
누락하다	기입되어야 할 것이 기록에서 빠지다. 또는 그렇게 되게 하다.
누수	물이 샘. 또는 새어 나오는 물.

노쇠하다 : 늙어서 쇠약하고 기운이 별로 없다.

노년기 : 늙은이가 되어 지내는 시기.

취지 : 어떤 일의 근본이 되는 목적이나 긴요한 뜻.

매수하다 : ① 물건을 사들이다. ② 금품이나 그 밖의 수단으로 남의 마음을 사서 자기편으로 만들다.

19

관용구 ···

빈 칸에 알맞은 낱말을 쓰시오.

1) 나 □ 었 ㅅ □ 하다.

· 있어도 없는 듯이 처신하다.

2) □ 것 같다.

· 몸이나 마음이 매우 가볍다.

3) ㄴ ㄹ 잠자듯

· 조금밖에 못 잠을 비유적으로 이르는 말.

4) ㄴ ㄱ 할 것 없다

· 누구라고 가려 말할 것이 없이 다 그러하다.

고유어 ···

밑줄 친 낱말의 알맞은 뜻을 찾아 번호를 쓰시오.

1) 그 사람을 떠올리면 납작코만 생각난다. (   )

2) 그렇게 나대지 말고 가만히 좀 있어. (   )

3) 줄자를 가져오지 않아 눈가늠으로 길이를 쟀다. (   )

4) 놀잇감이 충분히 많으니 만족하실 겁니다. (   )

5) 오늘은 너비아니가 세일을 하는 날이다. (   )

6) 늦더위가 기승을 부리고 있었다. (   )

7) 아이고, 지금 생각해도 넌더리가 난다. (   )

① 여름이 다 가도록 가시지 않는 더위.
② 지긋지긋하게 몹시 싫은 생각.
③ 얇팍하게 저며 갖은양념을 하여 구운 쇠고기.
④ 놀이 또는 아동 교육 현장 따위에서 활용되는 물건이나 재료.
⑤ 콧날이 서지 않고 납작하게 가로퍼진 코. 또는 그런 코를 가진 사람.
⑥ 깝신거리고 나다니다.
⑦ 눈으로 어림잡아 목표나 기준에 대어 보는 일.

속담

속담의 뜻을 찾아 연결하시오.

1) 나이가 아깝다 ●

2) 남의 말하기는 식은 죽 먹기 ●

3) 나간 머슴이 일은 잘했다 ●

4) 누구나 저 잘난 멋에 산다 ●

5) 누구나 먹을 복과 묻힐 땅은 타고난다 ●

6) 나이는 못 속인다 ●

● ㉠ 사람은 다 나름대로 자기가 잘났다고 생각한다는 말.

● ㉡ 하는 짓이나 말이 그 나이에 어울리지 아니하게 유치하다.

● ㉢ 아무리 가난한 사람이라도 살아서 먹을 것은 있으며 죽어서 묻힐 땅은 있다는 말.

● ㉣ 나이를 아무리 속이려고 해도 행동의 이모저모에서 그 티가 반드시 드러나고야 맒을 비유적으로 이르는 말.

● ㉤ 남의 잘못을 드러내어 말하는 것은 아주 쉬운 일임을 비유적으로 이르는 말.

● ㉥ 사람은 무엇이든지 지나간 것, 잃은 것을 애석하게 여기고 현재 가지고 있는 것보다 이전 것이 더 낫다고 생각함을 비유적으로 이르는 말.

한자성어

보기를 보고 빈칸에 알맞은 말을 쓰시오.

1) 푸닥거리하는 소리. ☐

2) 모든 일에 두루 능함. ☐

3) 얻거나 구하기 어려운 물건. ☐

4) 즐거워서 하는 일. 또는 즐거움으로 삼는 일. ☐

5) 여러 사람이 모여서 충분히 의논함. 또는 그런 의논. ☐

6) 잊을 수 없는 은혜. ☐

7) 몹시 노하여 펄펄 뛰며 성을 냄. ☐

8) 나뭇잎이 다 떨어져 텅 비고 쓸쓸한 산. ☐

보기 나나지성 능소능대 낙목공산 난득지물
      낙위지사 난상공론 난망지은 노발대발

어휘 탐구

빈 칸에 알맞은 말을 쓰시오.

1) 용기를 잃고 [ㄴ][약]한 모습이었다.

· 의지가 굳세지 못하다.

2) 그가 다짜고짜 찾아와 [나][도]을 부릴 줄 몰랐어요.

· 질서를 어지럽히며 마구 행동함. 또는 그런 행동.

3) 단서가 없어 수사는 [ ][ㅎ]에 빠졌다.

· 여러 가지 장애 때문에 일이 순조롭게 진행되지 않음을 비유적으로 이르는 말.

4) 올 한 해 선생님의 [ㄴ][고]에 감사드립니다.

· 힘들여 수고하고 애씀.

5) 여기에 [나][ㅅ]를 하면 안 된다.

· 글자, 그림 따위를 장난으로 아무 데나 함부로 씀. 또는 그 글자나 그림.

6) 고양이가 [나][가]에 있다.

· 층계, 다리, 마루 따위의 가장자리에 일정한 높이로 막아 세우는 구조물.

7) 그 약은 [ㄴ][서]이 생겨 효과가 없었다.

· 약물의 반복 복용에 의해 약효가 저하하는 현상.

8) 어쩔 수 없이 오늘은 여기에서 [ㄴ][ㅅ]해야 할 것 같다.

· 한데에서 자다.

9) 그 일이 실패로 끝나 [나][다]했지만 곧 털고 일어 났다.

· 바라던 일이 뜻대로 되지 않아 마음이 몹시 상하다.

10) 그의 [내][ ][ㅎ] 표정을 보니 아무 말도 할 수 없었다.

· 태도가 정답지 않고 매우 차다.

22

11) 물을 자주 마시면 [　][　][　] 배출에 도움이 된다.

· 생체 내에서 생성된 대사산물 중 생체에서 필요 없는 것.

12) 아무 생각 없이 내뱉은 한 마디가 [노][란]을 불러일으켰다.

· 여럿이 서로 다른 주장을 내며 다툼.

13) 아침마다 [노][ㅇ]를 읽는다.

· 유교 경전인 사서의 하나. 공자와 그의 제자들의 언행을 적은 것.

14) 약속해. 절대 비밀을 [ㄴ][서]하지 않겠다고.

· 비밀이 새어 나가다. 또는 그렇게 하다.

15) 절대 네 [　][가]에 넘어가지 않을 거야.

· 남을 속이거나 남의 일을 그르치게 하려는 간사한 꾀.

16) 그 작가는 향토색이 [노][　]한 소설을 썼다.

· 어떤 경향이나 기색 따위가 뚜렷하다.

17) 부상자를 황급히 응급실로 이송했으나 결국 [　][사] 상태에 빠졌다.

· 뇌의 기능이 완전히 멈추어 본디 상태로 되돌아가지 않는 상태.

18) 이 건물의 [ㄴ][ㅅ]로 인해 공사를 시작할 예정이다.

· 물이 샘. 또는 새어 나오는 물.

19) 그는 비참한 [ㄴ][　]였지만 결코 희망을 잃지 않았다.

· 남의 소유물로 되어 부림을 당하는 사람.

20) 경수는 [ㄴ][이]에게 자리를 양보하였다.

· 나이가 들어 늙은 사람.

관용구

ㄷ

다름이 아니라	다른 까닭이 있는 게 아니라.
다시 말하면	앞에서 말한 것을 풀어서 말하면. 예문) <u>다시 말하면</u> 아름다운 꽃이라는 뜻이야.
단물을 다 빼먹다	(사람이) 좋은 것을 다 차지하다. 예문) 그냥 <u>단물을 다 빼먹는</u> 행동이란 걸 왜 모르니?
달고 쓴 맛을 보다	생활의 좋은 일, 나쁜 일, 즐거운 일, 괴로운 일을 다 겪다. 예문) <u>달고 쓴 맛은</u> 다 봤다.
닻을 올리다	어떤 일을 시작하거나 시작하려 하다. 예문) 이제 <u>닻을 올리고</u> 출발을 한다.
더웠다 식었다 한다	일하는 것이나 성미가 한결같지 않고 변화가 심하다.
덜미를 잡다	꼼짝 못 하게 하다. 예문) 이제 영희의 <u>덜미를 잡았으니</u> 일이 해결될 조짐이 보인다.
독 안에 들다	이미 잡힌 것이나 다름없다. 예문) 이미 <u>독 안에 들었는데</u> 빠져나올 수 없을 거야.
동네북 치듯 하다	이 사람 저 사람이 달려들어 마구 때리다. 예문) 그렇게 <u>동네북 치듯</u> 해서 되겠어?
될 수 있는 대로	가능한 한 최대로. 예문) <u>될 수 있는 대로</u> 연장할 계획입니다.

까닭: 일이 생기게 된 원인이나 조건.

단물: 알짜나 실속이 있는 부분을 비유적으로 이르는 말.

성미: 성질, 마음씨, 비위, 버릇 따위를 통틀어 이르는 말.

고유어

ㄷ

다가가다	어떤 대상 쪽으로 가까이 가다.
단골손님	늘 정하여 놓고 거래를 하는 손님. 예) <u>단골손님</u>이 많아 장사가 잘 된다.
달음박질	급히 뛰어 달려감.
더럽히다	신념이나 위신, 명예 따위에 흠이 가게 하다.
더부살이	남의 집에서 먹고 자면서 일을 해 주고 삯을 받는 일. 또는 그런 사람.
덤벼들다	함부로 대들거나 달려들다.
덧바르다	바른 위에 겹쳐 바르다. 예) 점점 진한 색으로 <u>덧바르고</u> 있었다.
데릴사위	처가에서 데리고 사는 사위.
도와주다	남을 위하여 애써 주다. 예) 힘들어하는 모습을 보니 <u>도와줄</u> 수밖에 없었다.
동여매다	끈이나 새끼, 실 따위로 두르거나 감거나 하여 묶다.
들볶다	까다롭게 굴거나 잔소리를 하거나 하여 남을 못살게 굴다.
들여놓다	밖에서 안으로 가져다 놓다.

거래: 주고받음. 또는 사고팖.

삯: 일한 데 대한 품값으로 주는 돈이나 물건.

처가: 아내의 본가.

사위: 딸의 남편을 이르는 말.

속담

ㄷ

다람쥐 쳇바퀴 돌듯	앞으로 나아가거나 발전하지 못하고 제자리걸음만 함을 비유적으로 이르는 말.
달면 삼키고 쓰면 뱉는다	옳고 그름이나 신의를 돌보지 않고 자기의 이익만 꾀함을 비유적으로 이르는 말.
달걀로 치면 노른자다	가장 중요한 부분이라는 말.
달걀도 굴러가다 서는 모가 있다	좋게만 대하는 사람도 화를 낼 때가 있음을 비유적으로 이르는 말.
독 안에서 소리치기	평소에 남이 보지 않는 곳에서나 큰소리치고 잘난 체함을 비꼬아 이르는 말.
돌로 돌 때리듯	저쪽에서 악하게 하면 이쪽에서도 악하게 한다는 말.
두꺼비 꽁지만 하다	아주 작아서 거의 없는 듯하다는 말.
두었다가 국 끓여 먹겠느냐	써야 할 것을 쓰지 아니하고 너무 아껴 두기만 함을 놀림조로 이르는 말.

> 재수:재물이 생기거나 좋은 일이 있을 운수.

한자성어

ㄷ

다문박식	보고 들은 것이 많고 아는 것이 많음.
다사다단	여러 가지 일이나 까닭이 서로 뒤얽혀 복잡함.
다사분주	여러 가지로 일이 많아 몹시 바쁨.
다재다능	재주와 능력이 여러 가지로 많음.
당연지사	일의 앞뒤 사정을 놓고 판단할 때에 마땅히 그렇게 하여야 하거나 되리라고 여겨지는 일.
대대손손	오래도록 내려오는 여러 대.
대서특필	특별히 두드러지게 보이도록 글자를 크게 쓴다는 뜻으로, 신문 따위의 출판물에서 어떤 기사에 큰 비중을 두어 다룸을 이르는 말.
두문불출	①집에만 있고 바깥출입을 아니함. ②집에서 은거하면서 관직에 나가지 아니하거나 사회의 일을 하지 아니함을 비유적으로 이르는 말.
득의양양	뜻한 바를 이루어 우쭐거리며 뽐냄.
등용문	용문(龍門)에 오른다는 뜻으로, 어려운 관문을 통과하여 크게 출세하게 됨. 또는 그 관문을 이르는 말.

> 비중:다른 것과 비교할 때 차지하는 중요도.

> 출세:사회적으로 높은 지위에 오르거나 유명하게 됨.

어휘

다각도	여러 각도. 또는 여러 방면.
다국적 기업	여러 나라에 계열 회사를 거느리고 세계적 규모로 생산·판매하는 대기업.
다년간	여러 해 동안.
다혈질	감정의 움직임이 빨라서 자극에 민감하고 곧 흥분되나 오래가지 아니하며, 성급하고 인내력이 부족한 기질.
단거리	짧은 거리.
단검	길이가 짧은 칼.
단결	많은 사람이 마음과 힘을 한데 뭉침.
단독	① 단 한 사람. ② 단 하나.
단련하다	① 쇠붙이를 불에 달군 후 두드려서 단단하게 하다. ② 몸과 마음을 굳세게 하다. ③ 어떤 일을 반복하여 익숙하게 하다.
단막극	하나의 막으로써 극적인 사건을 진행하는 연극.
단명하다	목숨이 짧다.
단서	① 어떤 문제를 해결하는 방향으로 이끌어 가는 일의 첫 부분. ② 어떤 일의 시초.
단속하다	① 주의를 기울여 다잡거나 보살피다. ② 규칙이나 법령, 명령 따위를 지키도록 통제하다.
단수하다	물길을 차단하여 물이 흐르지 못하게 하다.
단아하다	단정하고 아담하다.
단어	분리하여 자립적으로 쓸 수 있는 말이나 이에 준하는 말. 또는 그 말의 뒤에 붙어서 문법적 기능을 나타내는 말.
단연	확실히 단정할 만하게.
단정하다	깨끗이 정리되어 가지런하다.
단조롭다	단순하고 변화가 없어 새로운 느낌이 없다.
단체	같은 목적을 달성하기 위하여 모인 사람들의 일정한 조직체.
담대하다	겁이 없고 배짱이 두둑하다.
담소	웃고 즐기면서 이야기함. 또는 그런 이야기.
담합하다	서로 의논하여 합의하다.
답례	말, 동작, 물건 따위로 남에게서 받은 예(禮)를 도로 갚음. 또는 그 예.
답사하다	현장에 가서 직접 보고 조사하다.

인내력: 괴로움이나 어려움을 참고 견디는 힘.

시초: 맨처음.

단정하다: 깨끗이 정리되어 가지런하다.

배짱: ① 마음속으로 다져 먹은 생각이나 태도. ② 조금도 굽히지 아니하고 버티어 나가는 성품이나 태도.

당사자	어떤 일이나 사건에 직접 관계가 있거나 관계한 사람.
당선	① 선거에서 뽑힘. ② 심사나 선발에서 뽑힘.
대담하다	담력이 크고 용감하다.
대립하다	의견이나 처지, 속성 따위가 서로 반대되거나 모순되다.
대면하다	서로 얼굴을 마주 보고 대하다.
대본	연극의 상연이나 영화 제작에 있어서 기본이 되는 글.
대비	앞으로 일어날지도 모르는 어떠한 일에 대응하기 위하여 미리 준비함. 또는 그런 준비.
대역	삯을 주고 사람을 사서 본인의 역(役)을 대신하게 하던 일.
대응하다	어떤 일이나 사태에 맞추어 태도나 행동을 취하다.
대조적	서로 달라서 대비가 되는. 또는 그런 것.
대칭	균형을 위하여 중심선의 상하 또는 좌우를 같게 배치한 화면 구성.
대피하다	위험이나 피해를 입지 않도록 일시적으로 피하다.
덕목	충(忠), 효(孝), 인(仁), 의(義) 따위의 덕을 분류하는 명목.
도달하다	목적한 곳이나 수준에 다다르다.
도피하다	도망하여 몸을 피하다.
독신	①형제자매가 없는 사람. ②배우자가 없는 사람.
독창적	다른 것을 모방함이 없이 새로운 것을 처음으로 만들어 내거나 생각해 내는. 또는 그런 것.
독학	스승이 없이, 또는 학교에 다니지 아니하고 혼자서 공부함.
돌진하다	세찬 기세로 거침없이 곧장 나아가다.
동정하다	남의 어려운 처지를 자기 일처럼 딱하고 가엾게 여기다.
동조하다	남의 주장에 자기의 의견을 일치시키거나 보조를 맞추다.
득달같다	잠시도 늦추지 않다.
득점	시험이나 경기 따위에서 점수를 얻음. 또는 그 점수.
등극하다	어떤 분야에서 가장 높은 자리나 지위에 오르다.
등록하다	일정한 자격 조건을 갖추기 위하여 단체나 학교 따위에 문서를 올리다.
등장하다	①무대나 연단 따위에 나오다. ②어떤 사건이나 분야에서 새로운 제품이나 현상, 인물 등이 세상에 처음으로 나오다.

담력: 겁이 없고 용감한 기운.

사태: 일이 되어 가는 형편이나 상황. 또는 벌어진 일의 상태.

세차다: ①기세나 형세 따위가 힘 있고 억세다. ②성미가 사납고 날카롭다. 또는 드세고 억척스럽다.

관용구

빈 칸에 알맞은 낱말을 쓰시오.

1) | ㄷ | 웠 | ㄷ | 식었다 한다.

· 일하는 것이나 성미가 한결같지 않고 변화가 심하다.

2) | 도 | 안에 들다.

· 이미 잡힌 것이나 다름없다.

3) | ㄷ | 고 | 이 빠지다.

· 견디기 어려울 정도로 몹시 힘이 들다.

4) | 다 | | 을 다 빼먹다.

· (사람이) 좋은 것을 다 차지하다.

고유어

밑줄 친 낱말의 알맞은 뜻을 찾아 번호를 쓰시오.

1) 그는 소원대로 데릴사위가 되었다. (   )

2) 더부살이로 사는 것도 이제 신물이 난다. (   )

3) 나의 명예를 더럽히는 행동은 하지 말아 주시오. (   )

4) 그렇게 사람을 들볶으면 되겠어? (   )

5) 계속 종이를 덧발라서 완성하는 작품이었다. (   )

6) 그렇게 함부로 덤비지 마세요. (   )

7) 그는 이 카페의 단골손님이었다. (   )

① 늘 정하여 놓고 거래를 하는 손님.
② 처가에서 데리고 사는 사위.
③ 남의 집에서 먹고 자면서 일을 해 주고 삯을 받는 일. 또는 그런 사람
④ 신념이나 위신, 명예 따위에 흠이 가게 하다.
⑤ 마구 대들거나 달려들다.
⑥ 까다롭게 굴거나 잔소리를 하는 이에게 괴롭힘을 당하다.
⑦ 바른 위에 겹쳐 바르다

속담

속담의 뜻을 찾아 연결하시오.

1) 다람쥐 쳇바퀴 돌듯　●

2) 달걀로 치면 노른자다　●

3) 독 안에서 소리치기　●

4) 달걀도 굴러가다 서는 모가 있다　●

5) 두꺼비 꽁지만 하다　●

6) 돌로 돌 때리듯　●

●　㉠　가장 중요한 부분이라는 말.

●　㉡　저쪽에서 악하게 하면 이쪽에서도 악하게 한다는 말.

●　㉢　평소에 남이 보지 않는 곳에서나 큰소리치고 잘난 체함을 비꼬아 이르는 말.

●　㉣　좋게만 대하는 사람도 화를 낼 때가 있음을 비유적으로 이르는 말.

●　㉤　앞으로 나아가거나 발전하지 못하고 제자리걸음만 함을 비유적으로 이르는 말.

●　㉥　아주 작아서 거의 없는 듯하다는 말.

한자성어

보기를 보고 빈칸에 알맞은 말을 쓰시오.

1) 일의 앞뒤 사정을 놓고 판단할 때에 마땅히 그렇게 하여야 하거나 되리라고 여겨지는 일. ☐

2) 뜻한 바를 이루어 우쭐거리며 뽐냄. ☐

3) 여러 가지로 일이 많아 몹시 바쁨. ☐

4) 여러 가지 일이나 까닭이 서로 뒤얽혀 복잡함. ☐

5) 보고 들은 것이 많고 아는 것이 많음. ☐

6) 용문(龍門)에 오른다는 뜻으로, 어려운 관문을 통과하여 크게 출세하게 됨. ☐

7) 집에만 있고 바깥출입을 아니함. ☐

8) 특별히 두드러지게 보이도록 글자를 크게 쓴다는 뜻으로, 신문 따위의 출판물에서 어떤 기사에 큰 비중을 두어 다룸을 이르는 말. ☐

보기	등용문　두문불출　당연지사　대서특필
	득의양양　다사분주　다사다단　다문박식

어휘 탐구

빈 칸에 알맞은 말을 쓰시오.

1) 보기와는 다르게 성격이 [ㄷ][ ][지] 이야.

· 감정의 움직임이 빨라서 자극에 민감하고 곧 흥분되나 오래가지 아니하며, 성급하고 인내력이 부족한 기질.

2) 민아의 청순하고 [다][ㅇ][하] 모습이 기억에 남았다.

· 단정하고 아담하다.

3) 그 사건의 유일한 [다][ㅅ] 가 발견되었다.

· 어떤 문제를 해결하는 방향으로 이끌어 가는 일의 첫 부분.

4) 민호가 보여준 행동은 실로 [다][ㄷ] 하고 용감했다.

· 겁이 없고 배짱이 두둑하다.

5) 네가 쓴 그 이야기는 내용이 몹시 [다][ㅈ][ ][ㄷ] .

· 단순하고 변화가 없어 새로운 느낌이 없다.

6) 친구들끼리 모여서 간식을 먹으며 [다][ㅅ] 를 나누었다.

· 웃고 즐기면서 이야기함. 또는 그런 이야기.

7) 1조 조원들이 모여서 [다][ㅅ] 를 떠나기로 했다.

· 현장에 가서 직접 보고 조사함.

8) 정아에게 그렇게 [다][도][ㅎ] 면모가 있을 줄 몰랐다.

· 꺼리거나 어려워하는 마음이 조금도 없이 올차고 다부지다.

9) 네가 [다][ ] 1등이다.

· 확실히 단정할 만하게

10) 경보음이 울리자 사람들은 신속히 | ㄷ | ㅍ | 했다.

· 위험이나 피해를 입지 않도록 일시적으로 피하다.

11) 그는 일본어를 | 도 | ㅎ |으로 익혔다.

· 스승이 없이, 또는 학교에 다니지 아니하고 혼자서 공부함.

12) 갑자기 승용차가 담벼락으로 | 도 | 지 | 했다.

· 세찬 기세로 거침없이 곧장 나아가다.

13) 그는 혜성처럼 | ㄷ | | 했다.

· 무대나 연단 따위에 나오다.

14) 진호는 1학기 회장으로 | 다 | ㅅ | 되었다.

· 선거에서 뽑힘.

15) 그는 평생 결혼하지 않고 | 도 | 시 |으로 살았다.

· 배우자가 없는 사람.

16) 오래 고민했다더니 고작 한 다는 것이 | ㄷ | | 야?

· 적극적으로 나서야 할 일에서 몸을 사려 빠져나가다.

17) 우리가 지켜야 할 | 더 | 모 |을 다시 한 번 생각해 봐.

· 충, 효, 인, 의 따위의 덕을 분류하는 명목.

18) 날 | 도 | | 하려고 하지 마. 네 도움 따위 필요없어.

· 남의 어려운 처지를 자기 일처럼 딱하고 가엾게 여기다.

관용구

CC

따끔한 맛을 보이다	(어떤 사람이 다른 사람에게) 잘못된 행위에 대해 다시는 그러지 못하게 할 요량으로 혼내거나 훈계하다.
딱 부러지게	아주 단호하게.
딴 주머니를 차다	다른 속셈을 가지거나 일을 꾀하다.
땀을 흘리다	힘이나 노력을 많이 들이다.
땀이 비 오듯 하다	(사람이) 땀이 몹시 흐르다. 예) 오랜만에 달렸더니 땀이 비오듯 하네.
땅이 꺼지게	한숨을 쉴 때 몹시 깊고도 크게. 예) 왜 그렇게 땅이 꺼지게 한숨을 쉬니?
땅에 떨어지다	명예나 권위 따위가 회복하기 어려울 정도로 손상되다.
땅을 칠 노릇	몹시 분하고 애통함을 이르는 말.
때 빼고 광내다	몸치장을 하고 멋을 내다.

요량: 앞일을 잘 헤아려 생각함. 또는 그런 생각.

명예: 세상에서 훌륭하다고 인정되는 이름이나 자랑. 또는 그런 존엄이나 품위.

고유어

CC

따개비	따개빗과의 동물을 통틀어 이르는 말.
따끈히	꽤 따뜻하고 더운 느낌으로.
따님	남의 딸을 높여 이르는 말.
따라나서다	남이 가는 대로 같이 나서다.
따뜻하다	덥지 않을 정도로 온도가 알맞게 높다.
따사롭다	따뜻한 기운이 조금 있다.
따위	앞에 나온 것과 같은 종류의 것들이 더 있음을 나타내는 말.
딱	활짝 바라지거나 벌어진 모양.
딱히	사정이나 처지가 애처롭고 가엾게.
딴마음	주의를 기울이지 않고 다른 것을 생각하는 마음.
딴말	주어진 상황과 아무런 관련이 없는 말.
딴지	일이 순순히 진행되지 못하도록 훼방을 놓거나 어기대는 것.

통틀어: 있는 대로 모두 합하여.

순순히: 타이르는 태도가 아주 다정하고 친절하게.

딴전	어떤 일을 하는 데 그 일과는 전혀 관계없는 일이나 행동.	
떠넘기다	자기가 할 일이나 책임을 남에게 미루다.	책임 : 맡아서 해야 할 임무나 의무.
떠름히	① 좀 얼떨떨한 느낌이 있게. ② 마음이 썩 내키지 아니하게.	
돼기	경계를 지어 놓은 논밭의 구획.	
뚜껑	그릇이나 상자 따위의 아가리를 덮는 물건.	
뚜렷하다	엉클어지거나 흐리지 않고 아주 분명하다.	
뚱하다	① 말수가 적고 묵직하며 붙임성이 없다. ② 못마땅하여 시무룩하다.	
뜨개질	옷이나 장갑 따위를 실이나 털실로 떠서 만드는 일.	
뜨내기	일정한 거처가 없이 떠돌아다니는 사람.	거처 : 일정하게 자리를 잡고 사는 일. 또는 그 장소.
뜨물	곡식을 씻어 내 부옇게 된 물.	
띠	옷 위로 허리를 둘러매는 끈.	

속담

🆑

떼어 놓은 당상	떼어 놓은 당상이 변하거나 다른 데로 갈 리 없다는 데서, 일이 확실하여 조금도 틀림이 없음을 이르는 말.	
땀 흘린 밭에 풍년 든다	피땀을 흘리고 애써서 일을 해야 풍년이 든다는 말.	풍년 : 곡식이 잘 자라고 잘 여물어 평년보다 수확이 많은 해.
땅 짚고 헤엄치기	일이 의심할 여지가 없이 확실하다는 말.	
땅에서 솟았나 하늘에서 떨어졌나	전혀 기대하지 않던 것이 갑자기 나타남을 이르는 말.	
때리는 시어머니보다 말리는 시누이가 더 밉다.	겉으로는 위하여 주는 체하면서 속으로는 해하고 헐뜯는 사람이 더 밉다는 말.	
떡 줄 사람은 꿈도 안 꾸는데 김칫국부터 마신다	해 줄 사람은 생각지도 않는데 미리부터 다 된 일로 알고 행동한다는 말.	
똥이 무서워서 피하나 더러워서 피하지	악하거나 같잖은 사람을 피하는 것은 그가 무서워서가 아니라 상대할 만한 가치가 없으므로 피하는 것이라는 말.	

관용구 ....

빈 칸에 알맞은 낱말을 쓰시오.

1) | 따 | 을 칠 노릇

· 몹시 분하고 애통함을 이르는 말.

2) | | 빼고 | 과 | 내다.

· 몸치장을 하고 멋을 내다.

3) | 따 | 을 흘리다.

· 힘이나 노력을 많이 들이다.

4) | 뜨 | 끄 | | 맛을 보이다.

· (어떤 사람이 다른 사람에게) 잘못된 행위에 대해 다시는 그러지 못하게 할 요량으로 혼내거나 훈계하다.

고유어 ....

밑줄 친 낱말의 알맞은 뜻을 찾아 번호를 쓰시오.

1) 지금은 <u>딱히</u> 마음에 드는 것이 없어요. (   )

2) 어제 골목에서 <u>따님</u>과 만났어요. (   )

3) 여기는 공기도 좋고 <u>따뜻해서</u> 좋다. (   )

4) 이제와서 <u>딴말</u>이나 하고 정말 실망이다. (   )

5) 나는 널 믿으니까 적극적으로 <u>따라나서기</u>로 했다. (   )

6) <u>따사로운</u> 햇살이 쏟아지는 오후. (   )

7) 계속 <u>딴지</u>를 걸고 있으니 기분이 나쁘다. (   )

① 미리 정해진 것이나 본뜻에 어긋나는 말.
② 덥지 않을 정도로 온도가 알맞게 높다.
③ 정확하게 꼭 집어서.
④ 남의 딸을 높여 이르는 말.
⑤ 일이 순순히 진행되지 못하도록 훼방을 놓거나 어기대는 것.
⑥ 따뜻한 기운이 조금 있다.
⑦ 남이 가는 대로 같이 나서다.

속담

속담의 뜻을 찾아 연결하시오.

1) 똥이 무서워서 피하나 더러워서 피하지 ●

2) 떡 줄 사람은 꿈도 안 꾸는데 김칫국부터 마신다 ●

3) 떼어 놓은 당상 ●

4) 땅에서 솟았나 하늘에서 떨어졌나 ●

5) 땅 짚고 헤엄치기 ●

6) 땀 흘린 밭에 풍년 든다 ●

● ㉠ 해 줄 사람은 생각지도 않는데 미리부터 다 된 일로 알고 행동한다는 말.

● ㉡ 피땀을 흘리고 애써서 일을 해야 풍년이 든다는 말.

● ㉢ 악하거나 같잖은 사람을 피하는 것은 그가 무서워서가 아니라 상대할 만한 가치가 없으므로 피하는 것이라는 말

● ㉣ 떼어 놓은 당상이 변하거나 다른 데로 갈 리 없다는 데서, 일이 확실하여 조금도 틀림이 없음을 이르는 말.

● ㉤ 전혀 기대하지 않던 것이 갑자기 나타남을 이르는 말.

● ㉥ 일이 매우 쉽다는 말.

어휘

1) 나의 취미는 독서와 | 뜨 | ㄱ | | 이다.

· 옷이나 장갑 따위를 실이나 털실로 떠서 만드는 일.

2) 먼저 | 뜨 | 꺼 | 을 열어야 한다.

· 그릇이나 상자 따위의 아가리를 덮는 물건.

3) 그 일을 | | 너 | ㄱ | | 말았다.

· 자기가 할 일이나 책임을 남에게 미루다.

4) 집중을 하지 않고 | 따 | 저 | 을 부리고 있었다.

· 어떤 일을 하는 데 그 일과는 전혀 관계없는 일이나 행동.

35

관용구

🔲

마음을 삭이다	맺히거나 격한 감정을 가라앉히다.
말이 많다	매우 수다스럽다. 예) 그 아이는 <u>말이 많아.</u>
맞불을 놓다	서로 마주 겨누고 총질을 하다. 예)더 이상 참지 못하고 <u>맞불을 놓기</u>로 했다.
맺고 끊다	사리가 분명하여 일의 처리를 야무지게 하다. 예) <u>맺고 끊는</u> 게 확실하다.
머리 회전이 빠르다	생각이나 판단력이 분명하고 똑똑하다. 예) <u>머리 회전이 빨라</u> 위기를 극복했다.
먹고 들어가다	어떤 일을 할 때 이로운 점을 미리 얻고서 관계하다.
멍석을 깔다	하고 싶은 대로 할 기회를 주거나 마련하다. 예) <u>멍석을 깔아줄 때</u> 어서 해라.
메스를 가하다	수술을 하다.
목을 축이다	목 말라 물 따위를 마시다.
목구멍에 풀칠하다	굶지 않고 겨우 살아가다. 예) 겨우 <u>목구멍에 풀칠하며</u> 살아가는 중입니다.

야무지다: 사람의 성질이나 행동, 생김새 따위가 빈틈이 없이 꽤 단단하고 굳세다.

약점 : 모자라서 남에게 뒤떨어지거나 떳떳하지 못한 점.

고유어

🔲

마개	병의 아가리나 구멍 따위에 끼워서 막는 물건.
마당	집의 앞이나 뒤에 평평하게 닦아 놓은 땅.
마디지다	마디가 있다.
마땅하다	행동이나 대상 따위가 일정한 조건에 어울리게 알맞다.
마른기침	가래가 나오지 아니하는 기침.
마른빨래	흙 묻은 옷을 말려서 비벼 깨끗하게 하는 일.
마른입	국이나 물을 먹지 않은 입.
마름모	네 변의 길이가 같고, 두 쌍의 마주 보는 변이 서로 평행하며, 두 대각선이 중점에서 서로 수직으로 만나는 사각형.
마중하다	오는 사람을 나가서 맞이하다.
마치다	어떤 일이나 과정, 절차 따위가 끝나다. 또는 그렇게 하다.
막가다	앞뒤를 고려하지 않고 막되게 행동하다.
말미암다	어떤 현상이나 사물 따위가 원인이나 이유가 되다.

평평하다: 바닥이 고르고 판판하다.

막되다: 말이나 행실이 버릇없고 난폭하다.

속담

마른 하늘에 날벼락	뜻하지 아니한 상황에서 뜻밖에 입는 재난을 이르는 말.
많이 생각하고 적게 말하고 더 적게 써라	말과 행동보다는 생각이 앞서야 한다는 말.
말 속에 뜻이 있고 뼈가 있다	말 뒤에 겉에 드러나지 아니한 숨은 뜻이 있다는 말.
말 한마디에 천냥 빚도 갚는다	말만 잘하면 어려운 일이나 불가능해 보이는 일도 해결할 수 있다는 말.
말은 청산유수다	말을 그칠 줄 모르고 잘한다는 말.
머리에 딱지도 떨어지지 않았다	아직 어리다는 말.
먹고도 굶어 죽는다	욕심이 많은 사람을 이르는 말.

재난:뜻밖에 일어
난 재앙과 고난.

반항:다른 사람이
나 대상에 맞서 대
들거나 반대함.

진정한:참되고 올
바르다.

한자성어

막상막하	더 낫고 더 못함의 차이가 거의 없음.
만경창파	만 이랑의 푸른 물결이라는 뜻으로, 한없이 넓고 넓은 바다를 이르는 말.
만고강산	아주 오랜 세월 동안 변함이 없는 산천.
만고불변	아주 오랜 세월 동안 변하지 아니함.
만만다행	아주 다행함.
만물박사	여러 방면에 모르는 것이 없는 매우 박식한 사람을 비유적으로 이르는 말.
만사형통	모든 것이 뜻대로 잘됨.
만수무강	아무런 탈 없이 아주 오래 삶.
만장일치	모든 사람의 의견이 같음.
망망대해	한없이 크고 넓은 바다.
망양보뢰	양을 잃고 우리를 고친다는 뜻으로, 이미 어떤 일을 실패한 뒤에 뉘우쳐도 아무 소용이 없음을 이르는 말.

박식하다 : 지식이
넓고 아는 것이 많
다.

어휘

◼

마감하다	하던 일을 마물러서 끝내다.
마녀	악마처럼 성질이 악한 여자.
마니아	어떤 한 가지 일에 몹시 열중하는 사람. 또는 그런 일.
마른세수	물기 없는 손으로 얼굴을 문질러서 씻어 내는 일.
마법	마력(魔力)으로 불가사의한 일을 행하는 술법.
마술	재빠른 손놀림이나 여러 가지 장치, 속임수 따위를 써서 불가사의한 일을 하여 보임. 또는 그런 술법이나 구경거리.
마찰	① 두 물체가 서로 닿아 비벼짐. 또는 그렇게 함. ② 이해나 의견이 서로 다른 사람이나 집단이 충돌함.
마취하다	약물 따위를 이용하여 얼마 동안 의식이나 감각을 잃게 하다.
막론하다	이것저것 따지고 가려 말하지 아니하다.
막연히	① 갈피를 잡을 수 없을 정도로 아득하게. ② 뚜렷하지 못하고 어렴풋하게.
만기	미리 정한 기한이 다 참. 또는 그 기한.
만능	모든 일에 다 능통하거나 모든 일을 다 할 수 있음. 또는 그런 것.
만담	재미있고 익살스럽게 세상이나 인정을 비판·풍자하는 이야기를 함. 또는 그 이야기.
만료되다	기한이 다 차서 끝나다.
만발하다	① 꽃이 활짝 다 피다. ② 추측이나 웃음 따위가 한꺼번에 많이 일어나다.
만삭	아이 낳을 달이 다 참. 또는 달이 차서 배가 몹시 부름.
만세	바람이나 경축, 환호 따위를 나타내기 위하여 두 손을 높이 들면서 외치는 소리.
만원	정한 인원이 다 참.
만인	모든 사람.
만족스럽다	매우 만족할 만한 데가 있다.
만행	야만스러운 행위.
말로	① 사람의 일생 가운데에서 마지막 무렵. ② 망하여 가는 마지막 무렵의 모습.
말세	정치, 도덕, 풍속 따위가 아주 쇠퇴하여 끝판이 다 된 세상.
망각하다	어떤 사실을 잊어버리다.
망라하다	널리 받아들여 모두 포함하다. 물고기나 새를 잡는 그물이라는 뜻에서 나온 말이다.

마무르다 : 일의 뒤 끝을 맺다.

불가사의 : 사람의 생각으로는 미루어 헤아릴 수 없이 이상하고 야릇함.

익살스럽다 : 남을 웃기려고 일부러 우스운 말이나 행동을 하는 데가 있다.

풍속 : ① 옛날부터 그 사회에 전해 오는 생활 전반에 걸친 습관 따위를 이르는 말. ② 그 시대의 유행과 습관 따위를 이르는 말.

망언	이치나 사리에 맞지 아니하고 망령되게 말함. 또는 그 말.
매너	① 행동하는 방식이나 자세. ② 일상생활에서의 예의와 절차.
매립하다	우묵한 땅이나 하천, 바다 등을 돌이나 흙 따위로 채우다.
매물	팔려고 내놓은 물건.
매수하다	① 물건을 사들이다. ② 금품이나 그 밖의 수단으로 남의 마음을 사서 자기편으로 만들다.
매연	연료가 탈 때 나오는, 그을음이 섞인 연기. 특히 탄소 화합물의 불완전 연소로 생기는 오염 물질을 이른다.
매진하다	어떤 일을 전심전력을 다하여 해 나가다.
메시지	어떤 사실을 알리거나 주장하거나 경고하기 위하여 보내는 전언.
메커니즘	사물의 작용 원리나 구조.
면상	얼굴의 생김새.
면식범	피해자와 가해자가 서로 얼굴을 아는 관계인 사건의 범인.
면역	반복되는 자극 따위에 반응하지 않고 무감각해지는 상태를 비유적으로 이르는 말.
면적	면이 이차원의 공간을 차지하는 넓이의 크기.
면접	서로 대면하여 만나 봄.
면허	특정한 일을 할 수 있는 공식적인 자격을 행정 기관이 허가함. 또는 그런 일.
모반하다	배반을 꾀하다.
모방하다	다른 것을 본뜨거나 본받다.
모범	본받아 배울 만한 대상.
모순	어떤 사실의 앞뒤, 또는 두 사실이 이치상 어긋나서 서로 맞지 않음을 이르는 말.
몰골	볼품없는 모양새.
몰락하다	재물이나 세력 따위가 쇠하여 보잘것없어지다.
몰살하다	모조리 다 죽거나 죽이다.
무사하다	① 아무런 일이 없다. ② 아무 탈 없이 편안하다.
무성하다	풀이나 나무 따위가 자라서 우거져 있다.
무심히	① 아무런 생각이나 감정 따위가 없이. ② 남의 일에 걱정하거나 관심을 두지 아니하는 태도로.

이치 : 사물의 정당한 조리. 또는 도리에 맞는 취지.

그을음 : 어떤 물질이 불에 탈 때에 연기에 섞여 나오는 먼지 모양의 검은 가루.

대면하다 : 서로 얼굴을 마주 보고 대하다.

쇠하다 : 힘이나 세력이 점점 줄어서 약해지다.

문제로 실력 쌓기

관용구

빈 칸에 알맞은 낱말을 쓰시오.

1) | 매 | ㄱ | 끊다.

　• 사리가 분명하여 일의 처리를 야무지게 하다.

2) | 머 | ㄱ | 들어가다.

　• (사람이) 어떤 일을 할 때 유리한 점을 미리 차지하고 관여하다.

3) | 마 | 　 | 을 놓다.

　• 서로 마주 겨누고 총질을 하다.

4) | 모 | 더 | ㅁ | 를 잡히다.

　• 어떤 약점이나 중요한 곳을 잡히다.

고유어

밑줄 친 낱말의 알맞은 뜻을 찾아 번호를 쓰시오.

1) 그는 고개를 돌리고 마른기침을 했다. (　　　)

2) 마름모의 넓이를 구하는 문제만 남았다. (　　　)

3) 마개로 잘 막아두어서 걱정이 없다. (　　　)

4) 반성의 기미가 없으니 벌을 받아야 마땅하다. (　　　)

5) 기왕 이렇게 된 마당에 더 고집을 부릴 필요가 없다. (　　　)

6) 2시에 올 손님을 마중하러 가기 위해 자리에서 일어났다. (　　　)

7) 오늘은 수업을 일찍 마쳐서 도서관에 다녀왔다. (　　　)

> ① 병의 아가리나 구멍 따위에 끼워서 막는 물건.
> ② 가래가 나오지 아니하는 기침.
> ③ 그렇게 하거나 되는 것이 이치로 보아 옳다.
> ④ 어떤 일이 이루어지는 판이나 상황.
> ⑤ 오는 사람을 나가서 맞이하다.
> ⑥ 네 변의 길이가 같고, 두 쌍의 마주 보는 변이 서로 평행하며, 두 대각선이 중점에서 서로 수직으로 만나는 사각형.
> ⑦ 어떤 일이나 과정, 절차 따위가 끝나다. 또는 그렇게 하다.

속담

속담의 뜻을 찾아 연결하시오.

1) 말 속에 뜻이 있고 뼈가 있다. ●

2) 마른 하늘에 날벼락. ●

3) 많이 생각하고 적게 말 하고 더 적게 써라. ●

4) 말은 청산유수다. ●

5) 먹고도 굶어죽는다. ●

6) 머리에 딱지도 떨어지 지 않았다. ●

● ㉠ 말과 행동보다 생각이 앞서야 한다는 말.

● ㉡ 아직 어리다는 말.

● ㉢ 뜻하지 아니한 상황에서 뜻밖에 입는 재난을 이르는 말.

● ㉣ 말 뒤에 겉에 드러나지 아니한 숨은 뜻이 있다는 말.

● ㉤ 욕심이 많은 사람을 이르는 말.

● ㉥ 말을 그칠 줄 모르고 잘한다는 말.

한자성어

보기를 보고 빈칸에 알맞은 말을 쓰시오.

1) 모든 것이 뜻대로 잘됨.

2) 미인은 불행하거나 병약하여 요절하는 일이 많음.

3) 아무런 탈 없이 아주 오래 삶.

4) 만 이랑의 푸른 물결이라는 뜻으로, 한없이 넓고 넓은 바다를 이르는 말.

5) 모든 사람의 의견이 같음.

6) 한없이 크고 넓은 바다.

7) 아주 다행함.

8) 양을 잃고 우리를 고친다는 뜻으로, 이미 어떤 일을 실패한 뒤에 뉘우쳐도 아무 소용이 없음을 이르는 말.

보기

만사형통   미인박명   만수무강   만경창파
만장일치   망망대해   만만다행   망양보뢰

빈 칸에 알맞은 말을 쓰시오.

1) 접수 기한이 [마 [   ]] 되어 어쩔 수 없다.

· 기한이 다 차서 끝나다.

2) 그 책은 폭넓은 분야를 [   ][   ] 하였다.

· 널리 받아들여 모두 포함하다. 물고기나 새를 잡는 그물이라는 뜻에서 나온 말이다.

3) [마 | 여 | ㅎ] 떠오르는 것부터 적었다.

· 뚜렷하지 못하고 어렴풋하게.

4) 잠시 나의 처지를 [마 [   ]] 했다.

· 어떤 사실을 잊어버리다.

5) 화단에 꽃이 [마 | 바] 하다.

· 꽃이 활짝 다 피다.

6) [마 | 사] 의 임산부가 걸어왔다.

· 아이 낳을 달이 다 참. 또는 달이 차서 배가 몹시 부름.

7) 현수는 [마 | 느] 스포츠맨이다.

· 모든 일에 다 능통하거나 모든 일을 다 할 수 있음. 또는 그런 것.

8) 큰 [ㅁ [   ]] 이 생겨 해결하기 어렵다.

· 이해나 의견이 서로 다른 사람이나 집단이 충돌함.

9) 한 해를 [ㅁ | 가] 하며 모임을 가졌다.

· 하던 일을 마물러서 끝냄. 또는 그런 때.

10) 정신 차리고 학업에 | 매 | ス | 하였다.

· 어떤 일을 전심전력을 다하여 해 나가다.

11) 그 초라한 | 모 | 고 | 을 잊을 수가 없다.

· 볼품없는 모양새.

12) 그저 | ㅁ | 시 | ㅎ | 지나갔다.

· 아무런 생각이나 감정 따위가 없이.

13) | 뗘 | 저 | 이 넓지 않은 편이었다.

· 면이 이차원의 공간을 차지하는 넓이의 크기.

14) 아마도 | 뗘 | 시 | ㅂ | 의 소행인 것 같다.

· 피해자와 가해자가 서로 얼굴을 아는 관계인 사건의 범인.

15) 현재 | ㅁ | ㅁ | 이 많지 않다.

· 팔려고 내놓은 물건.

16) 외모도 준수하고 | ㅁ | ㄴ | 도 좋다.

· 일상생활에서의 예의와 절차.

17) | ㅁ | | 해서 정말 다행이다.

· 아무런 일이 없다.

18) 어느 덧 벗나무에 잎이 | ㅁ | | 하다.

· 풀이나 나무 따위가 자라서 우거져 있다.

관용구

ㅂ

바깥바람을 쐬다	(사람이) 해외여행을 하다.
바다와 같다	매우 넓거나 깊다는 뜻.
바닥을 보다	끝장을 보다.
바닥이 드러나다	숨겨져 있던 정체가 드러나다.
바람을 넣다	남을 부추겨서 무슨 행동을 하려는 마음이 생기게 만들다.
버스를 놓치다	(사람이) 찾아온 기회를 놓치다.
벼락 맞을 소리	천벌을 받아 마땅할 만큼 당찮은 말.
변덕이 죽 끓듯 하다	말이나 행동을 몹시 이랬다저랬다 하다.
변죽을 치다	직접 말을 하지 않고 상대가 헤아릴 수 있도록 둘러서 말을 하다.
북 치고 장구 치다	(사람이) 혼자서 이일 저일 다하다.

끝장 : 일이 더 나아 갈 수 없는 막다른 상태.

천벌 : 하늘이 내리는 큰 벌.

고유어

ㅂ

바느질	바늘에 실을 꿰어 옷 따위를 짓거나 꿰매는 일.
바람막이	①바람을 막는 일. ②바람을 막는 물건.
바야흐로	이제 한창. 또는 지금 바로.
박차다	①발길로 냅다 차다. ②우정이나 인연의 관계를 일방적으로 끊어 버리다.
반갑다	그리워하던 사람을 만나거나 원하는 일이 이루어져서 마음이 즐겁고 기쁘다.
반듯하다	작은 물체, 또는 생각이나 행동 따위가 비뚤어지거나 기울거나 굽지 아니하고 바르다.
반지빠르다	①말이나 행동 따위가 어수룩한 맛이 없이 얄미울 정도로 민첩하고 약삭빠르다. ②얄밉게 교만하다.
발끈하다	①사소한 일에 걸핏하면 왈칵 성을 내다. ②뒤집어엎을 듯이 시끄러워지다.
발뺌	자기가 관계된 일에 책임을 지지 않고 빠짐. 또는 그렇게 하기 위하여 하는 말.
발소리	발을 옮겨 디딜 때 발이 바닥에 닿아 나는 소리.

어수룩하다 : ① 겉모습이나 언행이 치밀하지 못하여 순진하고 어설픈 데가 있다. ②제도나 규율에 의한 통제가 제대로 되지 않아 매우 느슨하다.

속담

ㅂ

바늘 가는 데 실 간다	바늘이 가는 데 실이 항상 뒤따른다는 뜻으로, 사람의 긴밀한 관계를 비유적으로 이르는 말.
바늘 도둑이 소도둑 된다	바늘을 훔치던 사람이 계속 반복하다 보면 결국은 소까지도 훔친다는 뜻으로, 작은 나쁜 짓도 자꾸 하게 되면 큰 죄를 저지르게 됨을 비유적으로 이르는 말.
바늘구멍으로 하늘 보기	조그만 바늘구멍으로 넓디넓은 하늘을 본다는 뜻으로, 전체를 포괄적으로 보지 못하는 매우 좁은 소견이나 관찰을 비꼬는 말.
바늘로 찔러도 피 한방울 안 난다	사람의 성격이 빈틈이 없거나 융통성이 없음을 비유적으로 이르는 말.
벙어리 속은 벙어리가 안다	같은 처지에 있는 사람이라야 그 마음을 알 수 있음을 비유적으로 이르는 말.
벽에도 귀가 있다	비밀은 없기 때문에 경솔히 말하지 말 것을 비유적으로 이르는 말.

> **융통성** : 그때그때의 사정과 형편을 보아 일을 처리하는 재주. 또는 일의 형편에 따라 적절하게 처리하는 재주.

한자성어

ㅂ

변화무쌍	변하는 정도가 비할 데 없이 심함.
보무타려	확실하여 의심할 나위가 전혀 없음.
부자유친	오륜(五倫)의 하나. 아버지와 아들 사이의 도리는 친애에 있음을 이른다.
부창부수	남편이 주장하고 아내가 이에 잘 따름. 또는 부부 사이의 그런 도리.
부화뇌동	줏대 없이 남의 의견에 따라 움직임.
분주다사	몹시 바쁘고 일이 많음.
비명횡사	뜻밖의 사고를 당하여 제명대로 살지 못하고 죽음.
비몽사몽	완전히 잠이 들지도 잠에서 깨어나지도 않은 어렴풋한 상태.
비차막가	없어서는 안 될 것. 또는 꼭 그것이라야만 되는 것.
빙처	① 약혼만 하고 아직 결혼은 하지 아니하였으나 아내가 될 여자. ② 예를 다하고서 맞아 아내를 삼는다는 뜻으로, '아내'를 이르는 말.
빙탄불상용	얼음과 숯의 성질이 정반대이어서 서로 용납하지 못한다는 뜻으로, 사물이 서로 화합하기 어려움을 이르는 말.

> **친애**: 친밀히 사랑함. 또는 그 사랑.

> **어렴풋하다** : ① 기억이나 생각 따위가 뚜렷하지 아니하고 흐릿하다. ② 물체가 뚜렷하게 보이지 아니하고 흐릿하다. ③ 소리가 뚜렷하게 들리지 아니하고 희미하다.

ㅂ

바비큐	돼지나 소 따위를 통째로 불에 구운 요리. 또는 그 굽는 틀.
바코드	상품의 포장이나 꼬리표에 표시된 검고 흰 줄무늬. 제조 회사, 제품의 가격, 종류 따위의 정보를 나타낸 것으로, 광학적으로 판독되어 컴퓨터에 입력된다. 상품의 판매 및 재고 관리의 자료로 쓴다.
바탕색	① 물체가 본디 가지고 있는 빛깔. ② 그림을 그릴 때 바탕에 맨 먼저 칠하는 색깔.
박람회	생산물의 개량 · 발전 및 산업의 진흥을 꾀하기 위하여 농업, 상업, 공업 따위에 관한 온갖 물품을 모아 벌여 놓고 판매, 선전, 우열 심사를 하는 전람회.
박력분	무른밀로 만든 밀가루. 끈기가 적으며, 주로 비스킷이나 튀김을 만드는 데 쓰인다.
박멸하다	모조리 잡아 없애다.
반감	반대하거나 반항하는 감정.
반려	주로 윗사람이나 상급 기관에 제출한 문서를 처리하지 않고 되돌려줌.
반려동물	사람이 정서적으로 의지하고자 가까이 두고 기르는 동물. 개, 고양이, 새 따위가 있다.
반박하다	어떤 의견, 주장, 논설 따위에 반대하여 말하다.
반복	① 언행이나 일 따위를 이랬다저랬다 하여 자꾸 고침. ② 본래 상태로 되돌림.
반사	의지와는 관계없이, 자극에 대하여 일정한 반응을 기계적으로 일으키는 현상.
반숙	① 과일이나 곡식 따위가 반쯤 여묾. ② 달걀이나 음식 따위에 열을 가하여 반쯤 익힘.
반응하다	① 자극에 대응하여 어떤 현상이 일어나다. ② 이편을 배반하고 다른 편에 응하다. ③ 자극에 대하여 유기체가 행동하다.
반전	① 반대 방향으로 구르거나 돎. ② 위치, 방향, 순서 따위가 반대로 됨. ③ 일의 형세가 뒤바뀜.
반제품	완제품의 재료로 쓰기 위하여 기초 원료를 가공한 중간 제품. 또는 모든 제조 과정을 거치지는 않았으나, 그대로 저장과 판매가 가능한 중간 제품.
반환하다	① 빌리거나 차지했던 것을 되돌려주다. ② 왔던 길을 되돌아가다.
발명가	아직까지 없던 기술이나 물건을 새로 생각하여 만들어 내는 일을 전문적으로 하는 사람.
발색	① 컬러 필름이나 염색 따위의 색채의 됨됨이. ② 빛깔이 남. 또는 빛깔을 냄.
발성	① 목소리를 냄. 또는 그 목소리. ② 말을 꺼냄. 또는 말을 함.
발악하다	온갖 짓을 다 하며 마구 악을 쓰다.
발언	말을 꺼내어 의견을 나타냄. 또는 그 말.

판독되다 : 어려운 문장이나 암호, 고문서 따위의 뜻이 헤아려지며 읽히다.

정서적 : 정서를 불러일으키는. 또는 그런 것.

완제품 : 일정한 조건에 알맞게 제작 공정을 완전히 마친 제품.

발인	장례를 지내러 가기 위하여 상여 따위가 집에서 떠남. 또는 그런 절차.
발전	더 낫고 좋은 상태나 더 높은 단계로 나아감.
발주하다	물건을 보내 달라고 주문하다. 주로 공사나 용역 따위의 큰 규모의 거래에서 이루어진다.
방랑하다	정한 곳 없이 이리저리 떠돌아다니다.
방류하다	모아서 가두어 둔 물을 흘러 보내다.
방수	스며들거나 새거나 넘쳐흐르는 물을 막음.
방심하다	마음을 다잡지 아니하고 풀어 놓아 버리다.
방어하다	상대편의 공격을 막다.
방음하다	안의 소리가 밖으로 새어 나가거나 밖의 소리가 안으로 들어오지 못하도록 막다.
방치하다	내버려 두다.
배설하다	안에서 밖으로 새어 나가게 하다.
배수	어떤 수의 갑절이 되는 수.
배역	배우에게 역할을 나누어 맡기는 일. 또는 그 역할.
배우	연극이나 영화 따위에 등장하는 인물로 분장하여 연기를 하는 사람.
번민하다	마음이 번거롭고 답답하여 괴로워하다.
번역하다	어떤 언어로 된 글을 다른 언어의 글로 옮기다.
번잡하다	번거롭게 뒤섞여 어수선하다.
범람하다	① 큰물이 흘러넘치다. ② 바람직하지 못한 것들이 마구 쏟아져 돌아다니다.
변경하다	다르게 바꾸어 새롭게 고치다.
보관하다	물건을 맡아서 간직하고 관리하다.
보급하다	널리 펴서 많은 사람들에게 골고루 미치게 하여 누리게 하다.
보모	보육원이나 탁아소 따위의 아동 복지 시설에서 어린이를 돌보아 주며 가르치는 여자.
보존하다	잘 보호하고 간수하여 남기다.
보필하다	윗사람의 일을 돕다.
복원	원래대로 회복함.
부인하다	어떤 내용이나 사실을 옳거나 그러하다고 인정하지 아니하다.

장례 : 장사를 지내는 일. 또는 그런 예식.

배우 : 연극이나 영화 따위에 등장하는 인물로 분장하여 연기를 하는 사람.

회복하다 : 원래의 상태로 돌이키거나 원래의 상태를 되찾다.

관용구 ···

빈 칸에 알맞은 낱말을 쓰시오.

1) | ㅂ | ㄷ | 을 보다.

　　· 밑천이 다 없어지다. 끝장을 보다.

2) | | ㅅ | 를 놓치다.

　　· (사람이) 찾아온 기회를 놓치다.

3) | ㅂ | 라 | 을 넣다.

　　· 남을 부추겨서 무슨 행동을 하려는 마음이 생기게 만들다.

4) | ㅂㅕ | ㄷ | 이 죽 끓듯 하다.

　　· 말이나 행동을 몹시 이랬다저랬다 하다.

고유어 ···

밑줄 친 낱말의 알맞은 뜻을 찾아 번호를 쓰시오.

1) 바느질 솜씨가 매우 훌륭하다. (　　　　)

2) 바야흐로 가을이 왔다. (　　　　)

3) 애써 꾹 참았지만 비웃는 말투에 그만 발끈하고 말았다. (　　　　)

4) 바로 뒤에서 발소리가 났다. (　　　　)

5) 일단 발뺌하고 보자. (　　　　)

6) 이렇게 다시 만나니 무척 반갑다. (　　　　)

7) 반지빠른 그 행동에 기가 찼다. (　　　　)

> ① 사소한 일에 걸핏하면 왈칵 성을 내다.
> ② 이제 한창. 또는 지금 바로.
> ③ 바늘에 실을 꿰어 옷 따위를 짓거나 꿰매는 일.
> ④ 발을 옮겨 디딜 때 발이 바닥에 닿아 나는 소리.
> ⑤ 그리워하던 사람을 만나거나 원하는 일이 이루어져서 마음이 즐겁고 기쁘다.
> ⑥ 말이나 행동 따위가 어수룩한 맛이 없이 얄미울 정도로 민첩하고 약삭빠르다.
> ⑦ 자기가 관계된 일에 책임을 지지 않고 빠짐. 또는 그렇게 하기 위하여 하는 말.

속담

속담의 뜻을 찾아 연결하시오.

1) 벽에도 귀가 있다　●

2) 벙어리 속은 벙어리가 안다　●

3) 바늘로 찔러도 피 한 방울 안 난다　●

4) 바늘 도둑이 소도둑 된다　●

5) 바늘구멍으로 하늘 보기　●

6) 바늘 가는 데 실 간다　●

● ㉠ 사람의 성격이 빈틈이 없거나 융통성이 없음을 비유적으로 이르는 말.

● ㉡ 바늘을 훔치던 사람이 계속 반복하다 보면 결국은 소까지도 훔친다는 뜻으로, 작은 나쁜 짓도 자꾸 하게 되면 큰 죄를 저지르게 됨을 비유적으로 이르는 말.

● ㉢ 바늘이 가는 데 실이 항상 뒤따른다는 뜻으로, 사람의 긴밀한 관계를 비유적으로 이르는 말.

● ㉣ 비밀은 없기 때문에 경솔히 말하지 말 것을 비유적으로 이르는 말.

● ㉤ 같은 처지에 있는 사람이라야 그 마음을 알 수 있음을 비유적으로 이르는 말.

● ㉥ 조그만 바늘구멍으로 넓디넓은 하늘을 본다는 뜻으로, 전체를 포괄적으로 보지 못하는 매우 좁은 소견이나 관찰을 비꼬는 말.

한자성어

보기를 보고 빈칸에 알맞은 말을 쓰시오.

1) 줏대 없이 남의 의견에 따라 움직임.　[   ]

2) 뜻밖의 사고를 당하여 제명대로 살지 못하고 죽음.　[   ]

3) 변하는 정도가 비할 데 없이 심함.　[   ]

4) 오륜(五倫)의 하나. 아버지와 아들 사이의 도리는 친애에 있음을 이른다.　[   ]

5) 확실하여 의심할 나위가 전혀 없음.　[   ]

6) 몹시 바쁘고 일이 많음.　[   ]

7) 완전히 잠이 들지도 잠에서 깨어나지도 않은 어렴풋한 상태.　[   ]

8) 얼음과 숯의 성질이 정반대이어서 서로 용납하지 못한다는 뜻으로, 사물이 서로 화합하기 어려움을 이르는 말.　[   ]

보기　비명횡사　부화뇌동　변화무쌍　부자유친
　　　비몽사몽　보무타려　분주다사　빙탄불상용

빈 칸에 알맞은 말을 쓰시오.

1) | 바 | | | 100g를 준비해주세요.

· 무른밀로 만든 밀가루. 끈기가 적으며, 주로 비스킷이나 튀김을 만드는 데 쓰인다.

2) 계란은 | 바 | | 으로 익히면 맛있다.

· 달걀이나 음식 따위에 열을 가하여 반쯤 익힘.

3) 동생의 꿈은 | ㅂ | | ㄱ | 이다.

· 아직까지 없던 기술이나 물건을 새로 생각하여 만들어 내는 일을 전문적으로 하는 사람.

4) | 바 | | | 로 키우는 동물이 있나요?

· 사람이 정서적으로 의지하고자 가까이 두고 기르는 동물. 개, 고양이, 새 따위가 있다.

5) 소리에 조금씩 | ㅂ | 으 | 하는 모습을 보였다.

· 자극에 대응하여 어떤 현상이 일어나다.

6) 그 | 바 | 어 | 은 오히려 반감을 샀다.

· 말을 꺼내어 의견을 나타냄. 또는 그 말.

7) | 바 | ㅅ | 연습을 하는 중이다.

· 목소리를 냄. 또는 그 목소리.

8) 그렇게 | 바 | ㅇ | 한다고 해결될 문제가 아니다.

· 온갖 짓을 다 하며 마구 악을 쓰다.

9) | 바 | | 이 훌륭했다.

· 빛깔이 남. 또는 빛깔을 냄.

10) [바][시] 하지 말고 경계하도록 해.

· 마음을 다잡지 아니하고 풀어 놓아 버리다.

11) 강물이 [버][라] 하여 피해가 컸다.

· 큰물이 흘러넘치다.

12) 그는 회사를 그만두고 2년이나 [바][라] 했다.

· 정한 곳 없이 이리저리 떠돌아다니다.

13) 비밀번호는 주기적으로 [벼][겨] 해야 한다.

· 다르게 바꾸어 새롭게 고치다.

14) 부장을 잘 [ ][ ] 하여 인정받았다.

· 윗사람의 일을 돕다.

15) 은형이 이번 연극에 맡은 [ㅂ][ ] 은 주인공이다.

· 배우에게 역할을 나누어 맡기는 일. 또는 그 역할.

16) 마음이 [버][ ] 해서 기분 전환이 필요하다.

· 번거롭게 뒤섞여 어수선하다.

17) 그녀의 꿈은 [ㅂ][ㅇ] 가 되는 것이다.

· 연극이나 영화 따위에 등장하는 인물로 분장하여 연기를 하는 사람.

18) 고장난 손잡이는 [바][え] 되어 있었다.

· 내버려 둠.

관용구

ㅃ

빼도 박도 못 하다	일이 몹시 난처하게 되어 그대로 할 수도 그만둘 수도 없다.
뼈 속까지 들어차다	마음속 깊은 곳까지 들어차다.
뼈가 녹다	어렵거나 고된 일로 고생하다. 예) 고생을 많이 해서 뼈가 녹을 지경이다.
뼈가 있다	(말이나 글에) 비판적인 생각이 들어 있다.
뼈가 휘도록	오랫동안 육체적 고통을 견디어 내면서 힘겨운 일을 치러 나가는 것을 비유적으로 이르는 말.
뼈도 못 추리다	(사람이) 상대와 싸움의 적수가 될 수 없거나 손실만 보고 전혀 남는 것이 없다.
뼈를 묻다	단체나 조직에 평생토록 헌신하다.
뼈 속까지 들어차다	마음속 깊은 곳까지 들어차다.
뼈에 사무치다	원한이나 고통 따위가 뼛속에 파고들 정도로 깊고 강하다.

난처하다 : 이럴 수도 없고 저럴 수도 없어 처신하기 곤란하다.

원한 : 억울하고 원통한 일을 당하여 응어리진 마음.

고유어

ㅃ

빠개다	작고 단단한 물건을 두 쪽으로 가르다.
빠끔거리다	물고기 따위가 입을 벌렸다 오므리며 자꾸 물이나 공기를 들이마시다.
빠드득빠드득	단단하고 질기거나 반드러운 물건을 자꾸 되게 문지를 때 잇따라 되바라지게 나는 소리. 또는 그 모양.
빠삭거리다	가랑잎이나 마른 검불 따위의 잘 마른 물건을 가볍게 밟는 소리가 잇따라 나다. 또는 그런 소리를 잇따라 내다.
빠짝	물기가 매우 마르거나 졸아붙어서 타버리는 모양.
빤빤스레	보기에 부끄러운 짓을 하고도 얌치없이 태연하게 구는 태도로.
빤히	어떤 일의 결과나 상태 따위가 환하게 들여다보이듯이 분명하게.
뺑소니	몸을 빼쳐서 급히 몰래 달아나는 짓.
뻐드렁니	밖으로 벋은 앞니.
뻗다	길이나 강, 산맥 따위의 긴 물체가 어떤 방향으로 길게 이어져 가다.
뻥히	얼빠진 사람처럼 멍하게.

되바라지다 : 사람 됨이 남을 너그럽게 감싸 주지 아니하고 적대적으로 대하다.

뼈다귀	뼈의 낱개.
뼈아프다	어떤 감정이 골수에 사무치도록 정도가 깊다.
뿐	다만 어떠하거나 어찌할 따름이라는 뜻을 나타내는 말.
삐거덕거리다	크고 단단한 물건이 서로 닿아서 갈리는 소리가 자꾸 나다. 또는 그런 소리를 자꾸 내다.
삐죽이다	비웃거나 언짢거나 울려고 할 때 소리 없이 입을 내밀고 실룩이다.
삐쩍	볼품없이 매우 마른 모양.
삐치다	일에 시달리어서 몸이나 마음이 몹시 느른하고 기운이 없어지다.
빙시레	슬며시 입을 벌리는 듯하면서 소리 없이 거볍고 부드럽게 웃는 모양
빙싯빙싯	입을 슬며시 벌릴 듯하면서 소리 없이 거볍고 온화하게 자꾸 웃는 모양.

골수 : 마음속 깊은 곳을 비유적으로 이르는 말.

온화하다 : 조용하고 평화롭다.

속담

🅱🅱

빠른 말이 뛰면 굼뜬 소도 간다	일 잘하는 사람이 있으면 굼뜬 사람도 자연히 그를 따라가기 마련이라는 말.
빨래 이웃은 안 한다	빨래할 때 가까이 있으면 구정물이나 튀어 좋을 것이 없다는 말.
뺨을 맞을 놈이 여기 때려라 저기 때려라 한다	죄를 지어 마땅히 벌을 받아야 할 사람이 처분을 기다리지 아니하고 도리어 제 좋을 대로 요구함을 비웃는 말.
뻐꾸기도 유월이 한철이라	뻐꾸기도 음력 유월이 한창 활동할 시기라는 뜻으로, 누구나 한창 활동할 수 있는 시기는 얼마 되지 아니하니 그때를 놓치지 말라는 말.
뿌리 깊은 나무 가뭄 안 탄다	땅속 깊이 뿌리 내린 나무는 가뭄에 타지 않아 말라 죽는 일이 없다는 뜻으로, 무엇이나 근원이 깊고 튼튼하면 어떤 시련도 견뎌 냄을 비유적으로 이르는 말.
뿌리 없는 나무가 없다	① 모든 나무가 다 뿌리가 있듯이 무엇이나 그 근본이 있음을 비유적으로 이르는 말. ② 원인이 없이 결과만 있을 수 없음을 이르는 말.
뿔 떨어지면 구워 먹지	든든히 붙어 있는 뿔이 떨어지면 구워 먹겠다고 기다린다는 뜻으로, 도저히 불가능한 일을 바라고 기다림을 비웃는 말.

근원 : ①물줄기가 나오기 시작하는 곳. ②사물이 비롯되는 근본이나 원인.

시련 : 겪기 어려운 단련이나 고비.

관용구

빈 칸에 알맞은 낱말을 쓰시오.

1) ☐ 를 묻다.

· 단체나 조직에 평생토록 헌신하다.

2) ☐ 도 박도 못하다.

· 일이 몹시 난처하게 되어 그대로 할 수도 그만둘 수도 없다.

3) ☐ 가 녹다.

· 어렵거나 고된 일로 고생하다.

4) ☐ 에 사무치다.

· 원한이나 고통 따위가 뼛속에 파고들 정도로 깊고 강하다.

고유어

밑줄 친 낱말의 알맞은 뜻을 찾아 번호를 쓰시오.

1) 그는 뺑소니 운전사다. (   )

2) 둘이서 장작을 빠개서 쌓아두었다. (   )

3) 무슨 그런 속이 빤히 보이는 말을 하니? (   )

4) 웃을 때마다 뻐드렁니가 보인다. (   )

5) 빨래가 아주 빠짝 말랐다. (   )

6) 뭘 그렇게 뻥히 서 있니? (   )

7) 어떻게 그렇게 빤빤스레 거짓말을 할 수 있니? (   )

① 작고 단단한 물건을 두 쪽으로 가르다.
② 물기가 매우 마르거나 졸아붙어서 타버리는 모양.
③ 얼빠진 사람처럼 멍하게
④ 밖으로 벋은 앞니.
⑤ 어떤 일의 결과나 상태 따위가 환하게 들여다보이듯이 분명하게.
⑥ 몸을 빼쳐서 급히 몰래 달아나는 짓.
⑦ 보기에 부끄러운 짓을 하고도 얌치없이 태연하게 구는 태도로.

속담

속담의 뜻을 찾아 연결하시오.

1) 뺨을 맞을 놈이 여기 때려라 저기 때려라 한다 ●

2) 뻐꾸기도 유월이 한철이라 ●

3) 빨래 이웃은 안 한다 ●

4) 뿌리 없는 나무가 없다 ●

5) 뿌리 깊은 나무 가뭄 안 탄다 ●

6) 뿔 떨어지면 구워 먹지 ●

● ㉠ 죄를 지어 마땅히 벌을 받아야 할 사람이 처분을 기다리지 아니하고 도리어 제 좋을 대로 요구함을 비웃는 말.

● ㉡ 빨래할 때 가까이 있으면 구정물이나 튀지 좋은 일은 없다는 말.

● ㉢ 원인이 없이 결과만 있을 수 없음을 이르는 말.

● ㉣ 땅속 깊이 뿌리 내린 나무는 가뭄에 타지 않아 말라 죽는 일이 없다는 뜻으로, 무엇이나 근원이 깊고 튼튼하면 어떤 시련도 견뎌 냄을 비유적으로 이르는 말.

● ㉤ 든든히 붙어 있는 뿔이 떨어지면 구워 먹겠다고 기다린다는 뜻으로, 도저히 불가능한 일을 바라고 기다림을 비웃는 말.

● ㉥ 뻐꾸기도 음력 유월이 한창 활동할 시기라는 뜻으로, 누구나 한창 활동할 수 있는 시기는 얼마 되지 아니하니 그때를 놓치지 말라는 말.

어휘

1) 주위의 시선은 신경도 쓰지 않고 입을 | 뼈 | ㅈ | ㅇ | ㄱ | 있었다.

· 비웃거나 언짢거나 울려고 할 때 소리 없이 입을 내밀고 실룩이다.

2) 너 | 뼈 | | ㄱ | ㄴ | ?

· 성나거나 못마땅해서 마음이 토라지다.

3) 정말 | | ㅇ | 프 | 기억으로 남았다.

· 어떤 감정이 골수에 사무치도록 정도가 깊다.

4) 우리 집 강아지는 | | ㄷ | 구 | 를 좋아한다.

· 뼈의 낱개.

관용구

ㅅ

사돈의 팔촌	남이나 다름없는 먼 친척.
사람 같지 않다	사람으로서 마땅히 지녀야 할 품행이나 덕성이 없다.
사람 살려	생명에 위험을 느낄 만큼 위급한 상황에 처하였을 때 외치는 소리.
사람을 만들다	(어떤 사람이 다른 사람을) 품성이나 인격이 좋게 만들다.
사람을 버리다	좋지 못한 사람으로 되게 하거나 사람을 못쓰게 만들다.
사람이 되다	도덕적으로나 인격적으로 사람으로서의 자질을 갖춘 인간이 되다.
사색이 없다	태연하여 말과 얼굴빛에 변함이 없다.
사시나무 떨듯	몸을 몹시 떠는 모양을 비유적으로 이르는 말.
서쪽에서 해가 뜨다	전혀 예상 밖의 일이나 절대로 있을 수 없는 희한한 일을 하려고 하거나 하였을 경우를 비유적으로 이르는 말.

품행 : 품성과 행실을 아울러 이르는 말.

인격 : 사람으로서의 품격.

희한하다 : 매우 드물거나 신기하다.

고유어

ㅅ

사나이	한창 혈기가 왕성할 때의 남자를 이르는 말.
사랑스럽다	생김새나 행동이 사랑을 느낄 만큼 귀여운 데가 있다.
사뿐히	몸과 마음이 아주 가볍고 시원하게.
삭다	물건이 오래되어 본바탕이 변하여 썩은 것처럼 되다.
삭신	몸의 근육과 뼈마디.
산들바람	시원하고 가볍게 부는 바람.
살림	한집안을 이루어 살아가는 일.
살맛	세상을 살아가는 재미나 의욕. 예) 요즘 정말 살맛이 난다.
살얼음	얇게 살짝 언 얼음.
상냥하다	성질이 싹싹하고 부드럽다. 예) 상냥하고 친절한 네가 좋다.
손사래	어떤 말이나 사실을 부인하거나 남에게 조용히 하라고 할 때 손을 펴서 휘젓는 일.

혈기 : 피의 기운이라는 뜻으로, 힘을 쓰고 활동하게 하는 원기를 이르는 말.

왕성하다 : 한창 성하다.

본바탕 : 근본이 되는 본디의 바탕.

의욕 : 무엇을 하고자 하는 적극적인 마음이나 욕망.

속담

사람 위에 사람 없고 사람 밑에 사람 없다	사람은 본래 태어날 때부터 권리나 의무가 평등함을 이르는 말.
사람과 산은 멀리서 보는 게 낫다	사람을 가까이 사귀면 멀리서 볼 때 안 보이던 결점이 다 드러나 실망하게 됨을 비유적으로 이르는 말.
사람은 겪어 보아야 알고 물은 건너 보아야 안다	사람의 마음이란 겉으로 언뜻 보아서는 알 수 없으며 함께 오랫동안 지내보아야 알 수 있음을 이르는 말.
사람은 늙어 죽도록 배운다	사람은 일생 동안 끊임없이 배우고 수양을 쌓아야 함을 이르는 말.
세 살 적 버릇이 여든까지 간다	어릴 때 몸에 밴 버릇은 늙어 죽을 때까지 고치기 힘들다는 뜻으로, 어릴 때부터 나쁜 버릇이 들지 않도록 잘 가르쳐야 함을 비유적으로 이르는 말.
수박 겉 핥기	맛있는 수박을 먹는다는 것이 딱딱한 겉만 핥고 있다는 뜻으로, 사물의 속 내용은 모르고 겉만 건드리는 일을 비유적으로 이르는 말.

결점 : 잘못되거나 부족하여 완전하지 못한 점.

수양 : 몸과 마음을 갈고닦아 품성이나 지식, 도덕 따위를 높은 경지로 끌어올림.

한자성어

사군이충	세속 오계의 하나. 충성으로써 임금을 섬긴다는 말.
사농공상	예전에, 백성을 나누던 네 가지 계급. 선비, 농부, 공장, 상인을 이르던 말.
사대주의	주체성이 없이 세력이 강한 나라나 사람을 받들어 섬기는 태도.
사은회	졸업생이나 동창생들이 스승의 은혜에 감사하는 뜻으로 베푸는 모임.
사중구활	죽을 수밖에 없는 처지에서 한 가닥 살길을 찾음.
사친이효	세속 오계의 하나. 어버이를 섬기기를 효도로써 함을 이른다.
산해진미	산과 바다에서 나는 온갖 진귀한 물건으로 차린, 맛이 좋은 음식.
삼강오륜	유교의 도덕에서 기본이 되는 세 가지의 강령과 지켜야 할 다섯 가지의 도리. 군위신강, 부위자강, 부위부강과 부자유친, 군신유의, 부부유별, 장유유서, 붕우유신을 통틀어 이른다.
삼고초려	인재를 맞아들이기 위하여 참을성 있게 노력함. 중국 삼국 시대에, 촉한의 유비가 난양(南陽)에 은거하고 있던 제갈량의 초옥으로 세 번이나 찾아갔다는 데서 유래한다.

충성 : 마음속에서 우러나오는 정성.

세력 : ① 권력이나 기세의 힘. ② 어떤 속성이나 힘을 가진 집단. ③ 일을 하는 데에 드는 힘.

진귀하다 : 보배롭고 보기 드물게 귀하다.

ㅅ

사건	사회적으로 문제를 일으키거나 주목을 받을 만한 뜻밖의 일.
사격	총, 대포, 활 따위를 쏨.
사계	봄·여름·가을·겨울의 네 철.
사고	①뜻밖에 일어난 불행한 일. ②사람에게 해를 입혔거나 말썽을 일으킨 나쁜 짓.
사교적	여러 사람과 쉽게 잘 사귀는 것.
사기	의욕이나 자신감 따위로 충만하여 굽힐 줄 모르는 기세.
사돈	혼인한 두 집안의 부모들 사이 또는 그 집안의 같은 항렬이 되는 사람들 사이에 서로 상대편을 이르는 말.
사력	목숨을 아끼지 않고 쓰는 힘.
사례	어떤 일이 전에 실제로 일어난 예.
사료하다	깊이 생각하여 헤아리다.
사명	①맡겨진 임무. ②사신이나 사절이 받은 명령.
사모님	①스승의 부인을 높여 이르는 말. ②남의 부인을 높여 이르는 말.
사방	①동, 서, 남, 북 네 방위를 통틀어 이르는 말. ②동서남북의 주위 일대.
사색하다	어떤 것에 대하여 깊이 생각하고 이치를 따지다.
사악하다	악독한 성질을 함부로 부리다.
사유하다	대상을 두루 생각하다.
사위	딸의 남편을 이르는 말.
사인	죽게 된 원인.
사임	맡아보던 일자리를 스스로 그만두고 물러남.
사절하다	사양하여 받지 아니하다.
사정	①일의 형편이나 까닭. ②어떤 일의 형편이나 까닭을 남에게 말하고 무엇을 간청함.
사퇴하다	어떤 일을 그만두고 물러서다.
산더미	①물건이 많이 쌓여 있음을 비유적으로 이르는 말. ②어떠한 일이 많음을 비유적으로 이르는 말.
산란하다	①흩어져 어지럽다. ②어수선하고 뒤숭숭하다.
산발하다	머리를 풀어 헤치다.

주목: ①관심을 가지고 주의 깊게 살핌. 또는 그 시선. ② 조심하고 경계하는 눈으로 살핌. 또는 그 시선.

항렬 : 같은 혈족의 직계에서 갈라져 나간 계통 사이의 대수 관계를 나타내는 말. 형제자매 관계는 같은 항렬로 같은 돌림자를 써서 나타낸다.

이치 : 사물의 정당한 조리(條理). 또는 도리에 맞는 취지.

악독하다 : 마음이 흉악하고 독하다.

어수선하다 : ①사물이 얽히고 뒤섞여 가지런하지 아니하고 마구 헝클어져 있다. ②마음이나 분위기가 안정되지 못하여 불안하고 산란하다.

산출하다	물건을 생산하여 내거나 인물·사상 따위를 내다.
살균하다	세균 따위의 미생물을 죽이다.
삼엄하다	무서우리만큼 질서가 바로 서고 엄숙하다.
삽화	서적, 신문, 잡지 따위에서, 내용을 보충하거나 기사의 이해를 돕기 위하여 넣는 그림.
상기하다	흥분이나 부끄러움으로 얼굴이 붉어지다.
상담하다	문제를 해결하거나 궁금증을 풀기 위하여 서로 의논하다.
상록수	사철 내내 잎이 푸른 나무를 통틀어 이르는 말. 소나무, 대나무 따위가 있다.
상륙하다	배에서 육지로 오르다.
상습적	좋지 않은 일을 버릇처럼 하는 것.
상서롭다	복되고 길한 일이 일어날 조짐이 있다.
상시	임시가 아닌 관례대로의 보통 때.
상실하다	어떤 것을 아주 잃거나 사라지게 하다.
상쾌하다	느낌이 시원하고 산뜻하다.
상호작용	생물체 부분들의 기능 사이나, 생물체의 한 부분의 기능과 개체의 기능 사이에서 이루어지는 일정한 작용.
생계	살림을 살아 나갈 방도. 또는 현재 살림을 살아가고 있는 형편.
생사	삶과 죽음을 아울러 이르는 말.
생일	세상에 태어난 날. 또는 태어난 날을 기념하는 해마다의 그날.
서식하다	생물 따위가 일정한 곳에 자리를 잡고 살다.
선구자	어떤 일이나 사상에서 다른 사람보다 앞선 사람.
선발하다	남보다 먼저 어떤 일을 시작하거나 길을 떠나다.
선별하다	가려서 따로 나누다.
선배	같은 분야에서, 지위나 나이, 학예(學藝) 따위가 자기보다 많거나 앞선 사람.
선사시대	문헌 사료가 전혀 존재하지 않는 시대. 석기 시대와 청동기 시대를 이른다.
선연히	산뜻하고 아름답게.
선의	① 착한 마음. ② 좋은 뜻.
선행	착하고 어진 행실.

세균 : 생물체 가운데 가장 미세하고 가장 하등에 속하는 단세포 생활체.

관례 : 전부터 해내려오던 전례(前例)가 관습으로 굳어진 것.

방도 : 어떤 일을 하거나 문제를 풀어가기 위한 방법과 도리.

행실 : 실지로 드러나는 행동.

관용구 ....

빈 칸에 알맞은 낱말을 쓰시오.

1) | ㅅ | 쯔 |에서 | |가 뜨다.

· 전혀 예상 밖의 일이나 절대로 있을 수 없는 희한한 일을 하려고 하거나 하였을 경우를 비유적으로 이르는 말.

2) | | 라 |살려

· 생명에 위험을 느낄 만큼 위급한 상황에 처하였을 때 외치는 소리.

3) | | 새 |이 없다.

· 태연하여 말과 얼굴빛에 변함이 없다.

4) | ㅅ | ㅅ | ㄴ | ㅁ |떨듯

· 몸을 몹시 떠는 모양을 비유적으로 이르는 말.

고유어 ....

밑줄 친 낱말의 알맞은 뜻을 찾아 번호를 쓰시오.

1) 어제 내린 눈이 <u>사르르</u> 녹아 사라졌다. (   )

2) 영재는 고개를 <u>수굿이</u> 하고 필기 도구를 챙겼다. (   )

3) 그만해야겠다고 <u>속다짐</u>을 했다. (   )

4) 그녀의 향기가 코끝에 <u>스쳤다</u>. (   )

5) <u>송곳눈</u>으로 노려보면서 윽박질렀다. (   )

6) 민호는 기분이 상한 듯 <u>샐쭉거리며</u> 집을 나섰다. (   )

7) 달걀을 미리 <u>삶고</u> 파를 데쳐두었다. (   )

① 고개를 조금 숙인 듯이.
② 물에 넣고 끓이다.
③ 어떤 감정을 나타내면서 입이나 눈이 자꾸 한쪽으로 약간 샐그러지게 움직이다.
④ 마음속으로 하는 다짐.
⑤ 날카롭게 쏘아보는 눈초리를 비유적으로 이르는 말.
⑥ 서로 살짝 닿으면서 지나가다.
⑦ 얽히거나 뭉쳤던 것이 저절로 살살 풀리는 모양.

속담

속담의 뜻을 찾아 연결하시오.

1) 사람은 늙어 죽도록 배운다 ●

2) 사람과 산은 멀리서 보는 게 낫다 ●

3) 세 살 적 버릇이 여든까지 간다 ●

4) 사람 위에 사람 없고 사람 밑에 사람 없다 ●

5) 수박 겉 핥기 ●

6) 사람은 지내봐야 안다 ●

● ㉠ 사람은 본래 태어날 때부터 권리나 의무가 평등함을 이르는 말.

● ㉡ 사람은 일생 동안 끊임없이 배우고 수양을 쌓아야 함을 이르는 말.

● ㉢ 사람의 마음이란 겉으로 언뜻 보아서는 알 수 없으며 함께 오랫동안 지내보아야 알 수 있음을 이르는 말.

● ㉣ 사람을 가까이 사귀면 멀리서 볼 때 안 보이던 결점이 다 드러나 실망하게 됨을 비유적으로 이르는 말.

● ㉤ 맛있는 수박을 먹는다는 것이 딱딱한 겉만 핥고 있다는 뜻으로, 사물의 속 내용은 모르고 겉만 건드리는 일을 비유적으로 이르는 말.

● ㉥ 어릴 때 몸에 밴 버릇은 늙어 죽을 때까지 고치기 힘들다는 뜻으로, 어릴 때부터 나쁜 버릇이 들지 않도록 잘 가르쳐야 함을 비유적으로 이르는 말.

한자성어

보기를 보고 빈칸에 알맞은 말을 쓰시오.

1) 유교의 도덕에서 기본이 되는 세 가지의 강령과 지켜야 할 다섯 가지의 도리. ☐

2) 세속 오계의 하나. 어버이를 섬기기를 효도로써 함을 이른다. ☐

3) 어떤 일을 하기에 아직 때가 이름. ☐

4) 죽을 수밖에 없는 처지에서 한 가닥 살길을 찾음. ☐

5) 예전에, 백성을 나누던 네 가지 계급. 선비, 농부, 공장, 상인을 이르던 말이다. ☐

6) 세속 오계의 하나. 충성으로써 임금을 섬긴다는 말이다. ☐

7) 인재를 맞아들이기 위하여 참을성 있게 노력함. ☐

8) 산과 바다에서 나는 온갖 진귀한 물건으로 차린, 맛이 좋은 음식. ☐

보기   산해진미   삼강오륜   삼고초려   시기상조
사군이충   사농공상   사중구활   사친이효

어휘 탐구 ....

빈 칸에 알맞은 말을 쓰시오.

1) 옷이 찢어지고 | 사 | | 하 | 채로 나타났다.

· 머리를 풀어 헤치다.

2) | ㅅ | ㄱ | | 이 | 성격은 장점이었다.

· 여러 사람과 쉽게 잘 사귀는. 또는 그런 것.

3) | ㅅ | ㅁ | ㄴ | 께 미리 전화드리겠습니다.

· 윗사람의 부인을 높여 이르는 말.

4) 그 무렵 놀라운 | 사 | 거 | 이 벌어졌다.

· 사회적으로 문제를 일으키거나 주목을 받을 만한 뜻밖의 일.

5) 뜻모를 | ㅅ | 아 | 하 | 미소를 지어보였다.

· 악독한 성질을 함부로 부리다.

6) 고민끝에 | ㅅ | | 하기로 결정했다.

· 어떤 일을 그만두고 물러서다.

7) 해야 할 일이 | 사 | ㄷ | | 인데 어딜 간다는 거니?

· 어떠한 일이 많음을 비유적으로 이르는 말.

8) 산책을 하며 깊은 | ㅅ | | 에 빠졌다.

· 어떤 것에 대하여 깊이 생각하고 이치를 따짐.

9) 그럼 | ㅅ | | 를 들어 말씀드리겠습니다.

· 어떤 일이 전에 실제로 일어난 예.

10) 갈등이 깊어지기 전에 먼저 | 다 |을 했다.

· 문제를 해결하거나 궁금증을 풀기 위하여 서로 의논하다.

11) 반성하는 척하면서 | 스 | 저 |으로 일을 벌이고 있다.

· 좋지 않은 일을 버릇처럼 하는. 또는 그런 것.

12) 맑고 | 사 | | 하 | 바람이 분다.

· 느낌이 시원하고 산뜻하다.

13) 당신의 | 서 | ㅎ |을 잊지 않을 겁니다.

· 착하고 어진 행실.

14) 너의 | | 이 |을 진심으로 축하한다.

· 세상에 태어난 날. 또는 태어난 날을 기념하는 해마다의 그날.

15) 먼저 1차 | 사 | |을 시작합니다.

· 세균 따위의 미생물을 죽임. 약품에 의한 화학적 방법과 열을 이용한 물리적 방법이 있다.

16) 책의 | 사 | |가 눈에 들어온다.

· 서적 · 신문 · 잡지 따위에서, 내용을 보충하거나 기사의 이해를 돕기 위하여 넣는 그림.

17) 그만 의욕을 | 사 | ㅅ |했다.

· 어떤 것이 아주 없어지거나 사라짐.

18) 물가에 | | 시 |하는 새다.

· 생물 따위가 일정한 곳에 자리를 잡고 살다.

관용구

ㅆ

싹을 틔우다	(대상이 일이나 생각의) 시작이 야기되도록 하다.
싹도 없다	전혀 흔적이 보이지 아니하다.
쌍벽을 이루다	(어떤 대상이 다른 대상과 일정한 분야의) 내에서 우열을 가릴 수 없이 뛰어나다.
쌍수를 들다	기꺼이 지지하거나 환영하다.
쐐기를 박다	뒤탈이 없도록 미리 단단히 다짐을 두다.
쓴입을 다시다	못마땅하게 여기다.
씨가 마르다	어떤 종류의 것이 모조리 없어지다.
씨도 먹히지 않다	제기한 방법이나 의견이 받아들여지지 않다.
씨알도 안 먹히다	(말이나 행동이) 조리에 닿지 않거나 전혀 설득력이 없다.
씻은 듯이	아주 깨끗하게.

고유어

ㅆ

싸다	물건값이나 사람 또는 물건을 쓰는 데 드는 비용이 보통보다 낮다.
싸라기눈	빗방울이 갑자기 찬 바람을 만나 얼어 떨어지는 쌀알 같은 눈.
싸움	싸우는 일.
싸잡다	①한꺼번에 어떤 범위 속에 포함되게 하다. ②손 따위로 움켜잡다.
싹싹하다	눈치가 빠르고 사근사근하다.
썩다	유기물이 부패 세균에 의하여 분해됨으로써 원래의 성질을 잃어 나쁜 냄새가 나고 형체가 뭉개지는 상태가 되다.
쏜살같이	쏜 화살과 같이 매우 빠르게.
쐬다	얼굴이나 몸에 바람이나 연기, 햇빛 따위를 직접 받다.
쑥덕거리다	남이 알아듣지 못하도록 낮은 목소리로 은밀하게 자꾸 이야기하다.
쓰다듬다	①손으로 살살 쓸어 어루만지다. ②살살 달래어 가라앉히다.
쓰라림	쓰리고 아린 느낌이나 마음.

야기되다 : 일이나 사건 따위가 일어나다.

우열 : 나음과 못함.

지지하다 : 어떤 사람이나 단체 따위 의주의, 정책, 의견 따위에 찬동하여 이를 위하여 힘을 쓰다.

유기물 : 생체를 이루며, 생체 안에서 생명력에 의하여 만들어지는 물질.

쓰임새	쓰임의 정도.
쓴웃음	어이가 없거나 마지못하여 짓는 웃음.
쓸모없다	쓸 만한 가치가 없다.
쓸쓸하다	① 외롭고 적적하다. ② 날씨가 으스스하고 음산하다.
씰룩거리다	근육의 한 부분이 자꾸 실그러지게 움직이다. 또는 그렇게 하다.
씹다	사람이나 동물이 음식 따위를 입에 넣고 윗니와 아랫니를 움직여 잘게 자르거나 부드럽게 갈다.
씻다	물이나 휴지 따위로 때나 더러운 것을 없게 하다.
씽긋거리다	눈과 입을 슬며시 움직이며 소리 없이 가볍게 자꾸 웃다.
씽하다	① 바람이 매우 세차게 스쳐 지나가는 소리가 나다. ② 사람이나 물체가 바람을 일으킬 만큼 매우 빠르게 움직이는 소리가 나다.
씽씽하다	시들거나 상하지 아니하고 생기가 있다.

가치: 사물이 지니고 있는 쓸모.

음산하다 : ① 날씨가 흐리고 으스스하다. ② 분위기 따위가 을씨년스럽고 썰렁하다.

속담

싸움 끝에 정이 붙는다	싸움을 통하여 서로 가지고 있던 오해나 나쁜 감정을 풀어 버리면 오히려 더 가까워지게 된다는 말.
싸움은 말리고 불은 끄랬다	나쁜 일은 중지시켜야 함을 비유적으로 이르는 말.
쌀독에서 인심 난다	자신이 넉넉해야 다른 사람도 도울 수 있음을 비유적으로 이르는 말.
썩은 동아줄 같다	힘없이 뚝뚝 끊어지거나 맥없이 쓰러지는 모양을 비유적으로 이르는 말.
쓰다 달다 말이 없다	어떤 문제에 대하여 아무런 반응이나 의사 표시가 없다는 말.
썩은 고기에 벌레 난다	좋지 못한 원인이 있으면 반드시 그에 따른 좋지 못한 결과가 있음을 비유적으로 이르는 말.
썩은 새끼 잡아당기다 간 끊어진다	① 몸이 극도로 쇠약한 사람에게 고된 일을 시키다가는 죽음을 부를 수 있다는 말. ② 낡아서 거의 못 쓰게 된 것을 잘못 건드리면 아주 못 쓰게 됨을 비유적으로 이르는 말.
썩은 동아줄 같다	힘없이 뚝뚝 끊어지거나 맥없이 쓰러지는 모양을 비유적으로 이르는 말.

오해 : 그릇되게 해석하거나 뜻을 잘못 앎. 또는 그런 해석이나 이해.

신의 : 믿고 의지함.

관용구

빈 칸에 알맞은 낱말을 쓰시오.

1) ☐ ㄱ 를 박다.

· 뒤탈이 없도록 미리 단단히 다짐을 두다.

2) 쓰 도 먹히지 않다.

· 제기한 방법이나 의견이 받아들여지지 않다.

3) 쓰 ㅇ 을 다시다.

· 못마땅하게 여기다.

4) ☐ ☐ 을 이루다.

· (어떤 대상이 다른 대상과 일정한 분야의) 내에서 우열을 가릴 수 없이 뛰어나다.

고유어

밑줄 친 낱말의 알맞은 뜻을 찾아 번호를 쓰시오.

1) 결국 큰 싸움이 나고 말았다. (   )

2) 워낙 싹싹해서 인기가 있다. (   )

3) 고양이는 쏜살같이 도망치고 말았다. (   )

4) 그렇게 싸잡아 비난하지 말아요. (   )

5) 바람이나 쐬러 나갑니다. (   )

6) 강아지를 쓰다듬어 주었다. (   )

7) 패배의 쓰라림은 사라졌다. (   )

① 싸우는 일.
② 손으로 살살 쓸어 어루만지다.
③ 얼굴이나 몸에 바람이나 연기, 햇빛 따위를 직접 받다.
④ 쏜 화살과 같이 매우 빠르게.
⑤ 한꺼번에 어떤 범위 속에 포함되게 하다.
⑥ 눈치가 빠르고 사근사근하다.
⑦ 쓰리고 아린 느낌이나 마음.

속담

속담의 뜻을 찾아 연결하시오.

1) 싸움은 말리고 불은 끄랬다. ●

2) 싸움 끝에 정이 붙는다. ●

3) 썩은 새끼 잡아당기다간 끊어진다. ●

4) 썩은 동아줄 같다. ●

5) 쓰다 달다 말이 없다. ●

6) 썩은 고기에 벌레 난다. ●

● ㉠ 몸이 극도로 쇠약한 사람에게 고된 일을 시키다가는 죽음을 부를 수 있다는 말.

● ㉡ 나쁜 일은 중지시켜야 함을 비유적으로 이르는 말.

● ㉢ 힘없이 뚝뚝 끊어지거나 맥없이 쓰러지는 모양을 비유적으로 이르는 말.

● ㉣ 어떤 문제에 대하여 아무런 반응이나 의사 표시가 없음을 비유적으로 이르는 말.

● ㉤ 좋지 못한 원인이 있으면 반드시 그에 따른 좋지 못한 결과가 있음을 비유적으로 이르는 말.

● ㉥ 싸움을 통하여 서로 가지고 있던 오해나 나쁜 감정을 풀어 버리면 오히려 더 가까워지게 된다는 말.

어휘

1) 고객을 들고 | 쓰 | | 으 | 을 지었다.

· 어이가 없거나 마지못하여 짓는 웃음.

2) | 쓰 | | 느 | 것은 생략했다.

· 쓸 만한 가치가 없다.

3) 고기를 잘 | | | 으 | 합니다.

· 사람이나 동물이 음식 따위를 입에 넣고 윗니와 아랫니를 움직여 잘게 자르거나 부드럽게 갈다.

4) 다양한 | 쓰 | 이 | ㅅ | 가 있다.

· 쓰임의 정도.

관용구

O

아귀를 맞추다	일정한 기준에 들어맞게 하다.
아닌 때 아닌 곳	뜻하지 아니한 엉뚱한 때나 곳.
아닌 밤중에	① 뜻하지 않은 밤중에. ② 뜻밖의 때에.
아쉬운 소리	없거나 부족하여 남에게 빌거나 꾸려고 구차하게 사정하는 말.
아이 보채듯	몹시 졸라 대는 모양을 비유적으로 이르는 말.
안개 속에 묻히다	어떤 사실이나 비밀이 밝혀지지 않다.
안면을 바꾸다	잘 알고 지내던 사람을 일부러 모른 체하다.
얘기가 다르다	(무엇이) 처음에 약속한 내용과 다르다.
어금니를 악물다	고통이나 분노 따위를 참으려고 이를 악물어 굳은 의지를 나타내다.
어깨가 가볍다	무거운 책임에서 벗어나거나 그 책임을 덜어 마음이 홀가분하다.
어느 세월에	얼마나 뒤에. 기다려야 할 시간이 아득할 때 쓰는 말이다.

고유어

O

아끼다	① 물건이나 돈, 시간 따위를 함부로 쓰지 아니하다. ② 물건이나 사람을 소중하게 여겨 보살피거나 위하는 마음을 가지다.
아둔하다	슬기롭지 못하고 머리가 둔하다.
아름답다	① 보이는 대상이나 음향, 목소리 따위가 균형과 조화를 이루어 눈과 귀에 즐거움과 만족을 줄 만하다. ② 하는 일이나 마음씨 따위가 훌륭하고 갸륵한 데가 있다.
아스라이	보기에 아슬아슬할 만큼 높거나 까마득할 정도로 멀게.
안달복달하다	몹시 속을 태우며 조급하게 볶아치다.
알갱이	① 열매나 곡식 따위의 낱알. ② 작고 동그랗고 단단한 물질.
알겨먹다	남의 재물 따위를 좀스러운 말과 행위로 꾀어 빼앗아 가지다.
알맹이	① 물건의 껍데기나 껍질을 벗기고 남은 속 부분. ② 사물의 핵심이 되는 중요한 부분.
알쏭달쏭하다	그런 것 같기도 하고 그렇지 않은 것 같기도 하여 얼른 분간이 안 되는 상태이다.
알짜	① 여럿 가운데 가장 중요하거나 훌륭한 물건. ② 실속이 있거나 표본이 되는 것.

기준 : 기본이 되는 표준.

구차하다 : ① 살림이 몹시 가난하다. ② 말이나 행동이 떳떳하거나 버젓하지 못하다.

의지 : ① 어떠한 일을 이루고자 하는 마음. ② 선택이나 행위의 결정에 대한 내적이고 개인적인 역량.

슬기 : 사리를 바르게 판단하고 일을 잘 처리해 내는 재능.

재물 : 돈이나 그밖의 값나가는 모든 물건.

분간 : ① 사물이나 사람의 옳고 그름, 좋고 나쁨 따위와 그 정체를 구별하거나 가려서 앎. ② 어떤 대상이나 사물을 다른 것과 구별하여 냄.

속담

ㅇ

아내가 귀여우면 처갓집 말뚝 보고도 절한다	아내가 좋으면 아내 주위의 보잘것없는 것까지 좋게 보인다는 말.
아는 놈이 도둑놈	잘 아는 사람이 물건값을 더 비싸게 매겨 팖을 비유적으로 이르는 말.
아니 되면 조상 탓	일이 뜻대로 되지 않으면 공연히 남을 원망함을 비유적으로 이르는 말.
얌전한 고양이가 부뚜막에 먼저 올라간다	겉으로는 얌전하고 아무것도 못할 것처럼 보이는 사람이 딴짓을 하거나 자기 실속을 다 차리는 경우를 비유적으로 이르는 말.
음지가 양지 되고 양지가 음지 된다.	운이 나쁜 사람도 좋은 수를 만날 수 있고 운이 좋은 사람도 늘 좋기만 하는 것이 아니라 어려운 시기가 있다는 말로, 세상사는 늘 돌고 돈다는 말.
어르고 뺨 치기	그럴듯한 말로 꾀어서 은근히 남을 해롭게 함을 비유적으로 이르는 말.
이름도 성도 모른다	전혀 모르는 사람임을 강조하여 이르는 말.

원망하다 : 못마땅하게 여기어 탓하거나 불평을 품고 미워하다.

한자성어

ㅇ

아궁불열	자기 자신이 궁하여 남을 돌볼 처지가 못 됨.
악사천리	나쁜 일에 대한 소문은 빠르게 널리 퍼져 알려짐.
악역무도	비길 데 없이 악독하고 도리에 맞지 않음.
안마지로	말에 안장을 얹는 수고라는 뜻으로, 먼 길을 달려가는 수고를 이르는 말.
양춘화기	봄철의 따뜻하고 화창한 기운.
어로불변	어(魚) 자와 노(魯) 자를 구별하지 못한다는 뜻으로, 아주 무식함을 비유적으로 이르는 말.
언어도단	말할 길이 끊어졌다는 뜻으로, 어이가 없어서 말하려 해도 말할 수 없음을 이르는 말.
언중유골	말 속에 뼈가 있다는 뜻으로, 예사로운 말 속에 단단한 속뜻이 들어 있음을 이르는 말.
언행일치	말과 행동이 하나로 들어맞음. 또는 말한 대로 실행함.
엄동설한	눈 내리는 깊은 겨울의 심한 추위.

속뜻:①마음속에 품고 있는 깊은 뜻. ②말이나 글의 표면에 직접 드러나지 아니하고 그 속에 흐르고 있는뜻.

어휘

ㅆ

쌍꺼풀	겹으로 된 눈꺼풀. 또는 그런 눈.
쌍벽	여럿 가운데 특별히 뛰어난, 우열을 가리기 어려운 둘을 비유적으로 이르는 말.
씨족	공동의 조상을 가진 혈연 공동체. 원시 사회에서 흔히 찾아볼 수 있는 부족 사회의 기초 단위로서, 대개는 족외혼의 관습에 의하여 유지된다.

우열 : 나음과 못함.

ㅇ

아동	나이가 적은 아이. 대개 유치원에 다니는 나이로부터 사춘기 전의 아이를 이른다.
아라비아 숫자	보통 산술에서 쓰는 0, 1, 2, 3, 4, 5, 6, 7, 8, 9의 10개의 숫자. 인도에서 시작되었으나 아라비아인이 유럽에 전하였기 때문에 생긴 이름이다.
아마추어	예술이나 스포츠, 기술 따위를 취미로 삼아 즐겨 하는 사람.
아부	남의 비위를 맞추어 알랑거림.
악곡	음악의 곡조. 곧 성악곡, 기악곡, 관현악곡 따위를 통틀어 이르는 말이다.
안면	서로 얼굴을 알 만한 친분.
안목	사물을 보고 분별하는 견식.
안식	편히 쉼.
안주하다	① 한곳에 자리를 잡고 편안히 살다. ② 현재의 상황이나 처지에 만족하다.
안치하다	안전하게 잘 두다.
압착하다	① 눌러 짜내다. ② 압력을 가하여 물질의 밀도를 높이다.
압축하다	① 물질 따위에 압력을 가하여 그 부피를 줄이다. ② 문장 따위를 줄여 짧게 하다.
애련하다	애처롭고 가엾게 여기다.
애모	사랑하며 그리워함.
애상	슬픈 생각.
애석하다	서운하고 아깝다.
애수	마음을 서글프게 하는 슬픈 시름.
애완	동물이나 물품 따위를 좋아하여 가까이 두고 귀여워하거나 즐김.
애원하다	소원이나 요구 따위를 들어 달라고 애처롭게 사정하여 간절히 바라다.
애절하다	견디기 어렵도록 애가 타는 마음이 있다.
액땜	앞으로 닥쳐올 액을 다른 가벼운 곤란으로 미리 겪음으로써 무사히 넘김.
액체	일정한 부피는 가졌으나 일정한 형태를 가지지 못한 물질. 구성하는 분자나 원자의 간격이 기체의 경우보다 좁고, 고체에 비하여 응집력이 약하다.

기악곡 : 기악을 위하여 작곡한 곡.

밀도 : ① 빽빽이 들어선 정도. ② 내용이 얼마나 충실한가의 정도.

무사히 : ① 아무런 일이 없이. ② 아무 탈 없이 편안하게.

야간	해가 진 뒤부터 먼동이 트기 전까지의 동안.
야단스럽다	보기에 매우 떠들썩하게 일을 벌이거나 부산하게 법석거리는 데가 있다.
야밤	깊은 밤.
야생	산이나 들에서 저절로 나서 자람. 또는 그런 생물.
야수	사람에게 길이 들지 않은 야생의 사나운 짐승.
야심가	무엇을 이루어 보겠다는 욕망이나 소망을 품고 있는 사람.
야영	휴양이나 훈련을 목적으로 야외에 천막을 쳐 놓고 하는 생활.
야외	① 시가지에서 조금 멀리 떨어져 있는 들판. ② 집 밖이나 노천(露天)을 이르는 말.
야유하다	남을 빈정거려 놀리다.
약속	다른 사람과 앞으로의 일을 어떻게 할 것인가를 미리 정하여 둠. 또는 그렇게 정한 내용.
약식	정식으로 절차를 갖추지 아니하고 간추린 의식이나 양식.
약재	약을 짓는 데 쓰는 재료.
약조하다	조건을 붙여서 약속하다.
약탈하다	폭력을 써서 남의 것을 억지로 빼앗다.
양가	① 양민의 집. ② 지체가 있는 좋은 집안.
양극화	서로 점점 더 달라지고 멀어짐.
양립하다	① 두 가지가 동시에 따로 성립하다. ② 둘이 서로 굽힘 없이 맞서다.
양면성	한 가지 사물에 속하여 있는 서로 맞서는 두 가지의 성질.
양복	① 서양식의 의복. ② 남성의 서양식 정장.
어록	위인들이 한 말을 간추려 모은 기록.
어조	말의 가락.
언성	말하는 목소리.
엄벌	엄하게 벌을 줌. 또는 그 벌.
엄살	아픔이나 괴로움 따위를 거짓으로 꾸미거나 실제보다 보태어서 나타냄. 또는 그런 태도나 말.
엄수하다	명령이나 약속 따위를 어김없이 지키다.
엄습하다	감정, 생각, 감각 따위가 갑작스럽게 들이닥치거나 덮치다.

휴양 : 편안히 쉬면서 몸과 마음을 보양함.

간추리다 : 글 따위에서 중요한 점만을 골라 간략하게 정리하다.

위인 : 뛰어나고 훌륭한 사람.

관용구

빈 칸에 알맞은 낱말을 쓰시오.

1) | ㅇ | ㄱ | 가 다르다.

· (무엇이) 처음에 약속한 내용과 다르다.

2) | ㅇ | | 소리.

· 없거나 부족하여 남에게 빌거나 꾸려고 구차하게 사정하는 말.

3) | ㅇ | ㄲ | 가 가볍다.

· 무거운 책임에서 벗어나거나 그 책임을 덜어 마음이 홀가분하다.

4) | 아 | ㄱ | 속에 묻히다.

· 어떤 사실이나 비밀이 밝혀지지 않다.

고유어

밑줄 친 낱말의 알맞은 뜻을 찾아 번호를 쓰시오.

1) 실망스럽게도 <u>알맹이</u>가 빠진 말만 하고 갔다. (   )

2) 수정이의 태도가 <u>알쏭달쏭하여</u> 아직 결정하지 못했다. (   )

3) 안목이 있어 이내 <u>알짜</u>인 것을 알아봤다. (   )

4) <u>아름다운</u> 마음씨가 빛났다. (   )

5) 그는 게으르고 <u>아둔해서</u> 걱정이 된다. (   )

6) 물건을 <u>아껴</u> 쓰는 습관이 있었다. (   )

7) 반짝이는 모래 <u>알갱이</u>. (   )

① 그런 것 같기도 하고 그렇지 않은 것 같기도 하여 얼른 분간이 안 되는 상태이다.
② 여럿 가운데 가장 중요하거나 훌륭한 물건.
③ 작고 동그랗고 단단한 물질.
④ 물건이나 돈, 시간 따위를 함부로 쓰지 아니하다.
⑤ 슬기롭지 못하고 머리가 둔하다.
⑥ 하는 일이나 마음씨 따위가 훌륭하고 갸륵한 데가 있다.
⑦ 사물의 핵심이 되는 중요한 부분.

속담

속담의 뜻을 찾아 연결하시오.

1) 아니 되면 조상 탓 ●

2) 얌전한 고양이가 부뚜막에 먼저 올라간다 ●

3) 음지가 양지 되고 양지가 음지 된다. ●

4) 이름도 성도 모른다 ●

5) 어르고 뺨 치기 ●

6) 아내가 귀여우면 처갓집 말뚝 보고도 절한다 ●

● ㉠ 운이 나쁜 사람도 좋은 수를 만날 수 있고 운이 좋은 사람도 늘 좋기만 하는 것이 아니라 어려운 시기가 있다는 말로, 세상사는 늘 돌고 돈다는 말.

● ㉡ 전혀 모르는 사람임을 강조하여 이르는 말.

● ㉢ 그럴듯한 말로 꾀어서 은근히 남을 해롭게 함을 비유적으로 이르는 말.

● ㉣ 한 가지가 좋아 보이면 모든 것이 다 좋아 보임을 비유적으로 이르는 말.

● ㉤ 일이 뜻대로 되지 않으면 공연히 남을 원망함을 비유적으로 이르는 말.

● ㉥ 겉으로는 얌전하고 아무것도 못할 것처럼 보이는 사람이 딴짓을 하거나 자기 실속을 다 차리는 경우를 비유적으로 이르는 말.

한자성어

보기를 보고 빈칸에 알맞은 말을 쓰시오.

1) 어(魚) 자와 노(魯) 자를 구별하지 못한다는 뜻으로, 아주 무식함을 비유적으로 이르는 말.

2) 눈 내리는 깊은 겨울의 심한 추위.

3) 예사로운 말 속에 단단한 속뜻이 들어 있음을 이르는 말.

4) 말에 안장을 얹는 수고라는 뜻으로, 먼 길을 달려가는 수고를 이르는 말.

5) 나쁜 일에 대한 소문은 빠르게 널리 퍼져 알려짐.

6) 말과 행동이 하나로 들어맞음. 또는 말한 대로 실행함.

7) 비길 데 없이 악독하고 도리에 맞지 않음.

8) 어이가 없어서 말하려 해도 말할 수 없음을 이르는 말.

| 보기 | 언중유골 엄동설한 언어도단 안마지로 |
| | 어로불변 악사천리 언행일치 악역무도 |

73

어휘 탐구 ···

빈 칸에 알맞은 말을 쓰시오.

1) 그는 할 수 없이 [|ㅂ] 라도 해야겠다고 생각했다.

· 남의 비위를 맞추어 알랑거림.

2) 이제 그만 욕심부리지 않고 [아|ㅈ] 하며 살고 싶다.

· 한곳에 자리를 잡고 편안히 살다.

3) 물건을 고르는 [아|] 을 길러야겠다.

· 사물을 보고 분별하는 견식.

4) 그렇게 [|워] 했는데 거절당했다.

· 소원이나 요구 따위를 들어 달라고 애처롭게 사정하여 간절히 바라다.

5) 아침부터 곤란한 일이 좀 있었지만 [|때] 한 셈 쳤다.

· 앞으로 닥쳐올 액을 다른 가벼운 곤란으로 미리 겪음으로써 무사히 넘김.

6) 그의 실력은 [ㅇ| |ㅊ|] 같지 않았다.

· 예술이나 스포츠, 기술 따위를 취미로 삼아 즐겨 하는 사람.

7) 너와 [|벼] 을 이루는 이는 누구니?

· 여럿 가운데 특별히 뛰어난, 우열을 가리기 어려운 둘을 비유적으로 이르는 말.

8) [ㅇ|] 한 노래 한 곡을 불렀다.

· 견디기 어렵도록 애가 타는 마음이 있다.

9) 이렇게 헤어진다니 [ㅇ|] 한 마음이 들었지만 어쩔 수 없었다.

· 서운하고 아깝다.

10) 기다렸다는 듯이 그들은 | ㅇ | | 했다.

· 남을 빈정거려 놀리다.

11) 또다시 두려움이 그녀를 | 어 | ㅅ | 하기 시작했다.

· 감정, 생각, 감각 따위가 갑작스럽게 들이닥치거나 덮치다.

12) 그는 큰 꿈을 가지고 있는 | ㅇ | 시 | ㄱ | 였다.

· 무엇을 이루어 보겠다는 욕망이나 소망을 품고 있는 사람.

13) 서로 | 야 | ㅈ | 한 것을 잊지 않고 지켰다.

· 조건을 붙여서 약속하다.

14) 다시 | ㅇ | 새 | 으로 돌려보내기로 했다.

· 산이나 들에서 저절로 나서 자람. 또는 그런 생물.

15) | 어 | | 가 과중하여 힘겨워했다.

· 직장 같은 곳에서 맡아서 하는 일.

16) 감정이 격해져서 | 어 | 서 | 을 높이고 말았다.

· 말하는 목소리.

17) | ㅇ | 보 | 을 입은 그의 모습이 멋있었다.

· 남성의 서양식 정장.

18) | ㅇ | 바 | 에 걸려온 전화.

· 깊은 밤.

관용구

ㅈ

자기 앞가림	제 앞에 닥친 일을 처리함. **예문)** 적어도 <u>자기 앞가림</u>은 해야지.
자기도 모르게	무의식중에 저절로.
자기를 잃어버리다	제정신이 아닐 정도로 정상적인 사고를 하지 못하다.
자리에 눕다	누워서 앓다. **예문)** 결국 <u>자리에 눕고</u> 말았다.
잔머리를 굴리다	머리를 써서 얕은꾀를 생각해 내다.
장난이 아니다	(어떤 대상이) 수준이 보통을 훨씬 넘어서는 정도로 대단하다.
점을 찍다	(사람이 무엇을) 특정한 대상으로 제 마음속에 작정하여 두다.
정신을 차리다	사리를 분별하게 되다.
제자리에 머물다	발전이 없다.
제집 드나들듯	아무 거리낌 없이 마음대로 드나들다.

무의식: 자신의 언동이나 상태 따위를 스스로 깨닫지 못하는 일체의 작용.

작정하다: 일을 어떻게 하기로 결정하다.

고유어

ㅈ

자갈	강이나 바다의 바닥에서 오랫동안 갈리고 물에 씻겨 반질반질하게 된 잔돌.
자그마치	예상보다 훨씬 많이. 또는 적지 않게.
자랑	자기 자신 또는 자기와 관계있는 사람이나 물건, 일 따위가 썩 훌륭하거나 남에게 칭찬을 받을 만한 것임을 드러내어 말함. 또는 그렇게 말할 수 있는 거리.
자루	속에 물건을 담을 수 있도록 헝겊 따위로 길고 크게 만든 주머니.
자물쇠	여닫게 되어 있는 물건을 잠그는 장치.
자지러지다	몹시 놀라 몸이 주춤하면서 움츠러들다.
작살나다	완전히 깨어지거나 부서지다.
잔치	기쁜 일이 있을 때에 음식을 차려 놓고 여러 사람이 모여 즐기는 일.
잠기	잠이 오거나 아직 잠에서 깨어나지 못한 기운이나 기색.
장만하다	필요한 것을 사거나 만들거나 하여 갖추다.
절구	곡식을 빻거나 찧으며 떡을 치기도 하는 기구. 통나무나 돌, 쇠 따위를 속이 우묵하게 만들어 곡식 따위를 넣고 절굿공이로 빻거나 찧는다.

주춤하다: 망설이거나 가볍게 놀라서 갑자기 멈칫하거나 몸이 움츠러들다. 또는 몸을 움츠리다.

속담

ㅈ

자기 배 부르면 남의 배 고픈 줄 모른다	자기와 환경이나 조건이 다른 사람의 사정을 이해하기가 어려움을 이르는 말.
자기가 기쁘면 남들도 기쁜 줄 안다	남의 사정을 아랑곳하지 아니하고 모든 것을 자기중심적으로만 생각함을 이르는 말.
자라 보고 놀란 가슴 솥뚜껑 보고 놀란다	어떤 사물에 몹시 놀란 사람은 비슷한 사물만 보아도 겁을 냄을 이르는 말.
자라나는 초목은 꺾지 않는다	젊은이들의 희망찬 포부를 꺾거나 전진을 제재하지 말아야 함을 이르는 말.
저승길이 대문 밖이다	집을 나서면 언제 어떻게 죽을지 모르는 험악한 세상임을 비유적으로 이르는 말.
적을 얕보면 반드시 패한다	적의 역량을 함부로 얕잡아 보았다가는 싸움에서 진다는 뜻으로, 언제나 적을 깔보지 말고 만반의 준비를 갖추어야 한다는 말.

> **포부**: 마음속에 지니고 있는, 미래에 대한 계획이나 희망.

> **역량**: 어떤 일을 해낼 수 있는 힘.

한자성어

ㅈ

자기모순	스스로의 생각이나 주장이 앞뒤가 맞지 아니함.
자승자박	자기의 줄로 자기 몸을 옭아 묶는다는 뜻으로, 자기가 한 말과 행동에 자기 자신이 옭혀 곤란하게 됨을 비유적으로 이르는 말.
적반하장	도둑이 도리어 매를 든다는 뜻으로, 잘못한 사람이 아무 잘못도 없는 사람을 나무람을 이르는 말.
전대미문	이제까지 들어 본 적이 없음.
전도유망	앞으로 잘될 희망이 있음.
전력투구	모든 힘을 다 기울임.
전무후무	이전에도 없었고 앞으로도 없음.
전전긍긍	몹시 두려워서 벌벌 떨며 조심함.
전전반측	누워서 몸을 이리저리 뒤척이며 잠을 이루지 못함.
전화위복	재앙과 근심, 걱정이 바뀌어 오히려 복이 됨.
절체절명	어찌할 수 없는 절박한 경우를 비유적으로 이르는 말.

> **재앙**: 뜻하지 아니하게 생긴 불행한 변고. 또는 천재지변으로 인한 불행한 사고.

ㅈ

자가	자기의 집.
자각	현실을 판단하여 자기의 입장이나 능력 따위를 스스로 깨달음.
자극하다	① 외부에서 작용을 주어 감각이나 마음에 반응이 일어나게 하다. ② 생체에 작용하여 반응을 일으키게 하다.
자동	기계나 설비 따위가 자체 내에 있는 일정한 장치의 작용에 의하여 스스로 작동함. 또는 그런 기계.
자립심	남에게 예속되거나 의지하지 않고 자기 스스로 서려는 마음가짐.
자만심	자신이나 자신과 관련 있는 것을 스스로 자랑하며 뽐내는 마음.
자명하다	설명하거나 증명하지 아니하여도 저절로 알 만큼 명백하다.
자문하다	자신에게 스스로 묻다.
자본	장사나 사업 따위의 기본이 되는 돈.
자비	남을 깊이 사랑하고 가엾게 여김. 또는 그렇게 여겨서 베푸는 혜택.
자선하다	남을 불쌍히 여겨 도와주다.
자인하다	스스로 인정하다.
자제력	자기의 감정이나 욕망을 스스로 억제하는 힘.
자존심	남에게 굽히지 아니하고 자신의 품위를 스스로 지키는 마음.
자중하다	말이나 행동, 몸가짐 따위를 신중하게 하다.
자처하다	자기를 어떤 사람으로 여겨 그렇게 처신하다.
자축하다	자기에게 생긴 좋은 일을 스스로 축하하다.
자취하다	손수 밥을 지어 먹으면서 생활하다.
작용	어떠한 현상을 일으키거나 영향을 미침.
잠복	드러나지 않게 숨음.
잠입하다	① 남몰래 숨어들다. ② 물속에 잠겨 들어가다.
잠적하다	① 외로이 솟아 있는 상태이다. ② 쓸쓸하고 적막하다.
장악하다	무엇을 마음대로 할 수 있게 휘어잡다. 손안에 잡아 쥔다는 뜻에서 나온 말이다.
재건하다	허물어진 건물이나 조직 따위를 다시 일으켜 세우다.
재결합	한 번 헤어지거나 떨어졌다가 다시 결합함.
재고하다	어떤 일이나 문제 따위에 대하여 다시 생각하다.

생체 : 생물의 몸. 또는 살아 있는 몸.

예속되다 : 남의 지배나 지휘 아래 매이다.

품위 : ① 직품(職品)과 직위를 아울러 이르는 말. ② 사람이 갖추어야 할 위엄이나 기품. ③ 사물이 지닌 고상하고 격이 높은 인상.

적막하다 : ① 고요하고 쓸쓸하다. ② 의지할 데 없이 외롭다.

재력	재물의 힘. 또는 재산상의 능력.
재발되다	다시 발생되다. 또는 다시 일어나다.
재생하다	죽게 되었다가 다시 살아나다.
쟁취하다	힘들게 싸워서 바라던 바를 얻다.
저항하다	어떤 힘이나 조건에 굽히지 아니하고 거역하거나 버티다.
적응하다	일정한 조건이나 환경 따위에 맞추어 응하거나 알맞게 되다.
적재하다	물건이나 짐을 선박, 차량 따위의 운송 수단에 싣다.
적중하다	예상이나 추측 또는 목표 따위에 꼭 들어맞다.
전공	어느 한 분야를 전문적으로 연구함. 또는 그 분야.
전망	앞날을 헤아려 내다봄. 또는 내다보이는 장래의 상황.
전무하다	전혀 없다.
전송하다	전하여 보내다.
전언하다	말을 전하다.
전전하다	말이나 행동을 이랬다저랬다 하며 자꾸 되풀이하다.
전제하다	어떠한 사물이나 현상을 이루기 위하여 먼저 내세우다.
전환하다	다른 방향이나 상태로 바꾸다.
절망하다	바라볼 것이 없게 되어 모든 희망을 끊어 버리다.
절제	정도에 넘지 아니하도록 알맞게 조절하여 제한함.
절취하다	잘라 내다.
점멸하다	등불이 켜졌다 꺼졌다 하다. 또는 등불을 켰다 껐다 하다.
접착하다	끈기 있게 붙다. 또는 끈기 있게 붙이다.
정색하다	얼굴에 엄정한 빛을 나타내다.
정연하다	가지런하고 질서가 있다.
정오	낮 열두 시. 곧 태양이 표준 자오선을 지나는 순간을 이른다.
정체	참된 본디의 형체.
정화하다	①불순하거나 더러운 것을 깨끗하게 하다. ②비극을 봄으로써 마음에 쌓여 있던 우울함, 불안감, 긴장감 따위를 해소하고 마음을 깨끗하게 하다.
지탄하다	잘못을 지적하여 비난하다.

감당하다 : 일 따위를 맡아서 능히 해 내다.

거역하다 : 윗사람의 뜻이나 지시 따위를 따르지 않고 거스르다.

엄정하다 : ①엄격하고 바르다. ② 날 카롭고 공정하다.

관용구

빈 칸에 알맞은 낱말을 쓰시오.

1) ☐ 을 찍다.

· (사람이 무엇을) 특정한 대상으로 제 마음속에 작정하여 두다.

2) 자☐☐ 를 굴리다.

· 머리를 써서 얄은꾀를 생각해 내다.

3) ☐ㄹ 에 눕다.

· 누워서 앓다.

4) ㅈ☐ 이 아니다.

· (어떤 대상이) 수준이 보통을 훨씬 넘어서는 정도로 대단하다.

고유어

밑줄 친 낱말의 알맞은 뜻을 찾아 번호를 쓰시오.

1) 올 때 <u>자물쇠</u>를 가져 오너라. (   )

2) 그곳에서는 <u>자지러지는</u> 비명소리가 들려왔다. (   )

3) 우리 모두 그 <u>잔치</u>에 초대되었다. (   )

4) 음식을 <u>장만하느라</u> 수고했어. (   )

5) 재료를 <u>절구</u>에 넣었다. (   )

6) 그 유라병은 <u>작살났다.</u> (   )

7) 졸업한 지 <u>자그마치</u> 3년이 지났다. (   )

① 필요한 것을 사거나 만들거나 하여 갖추다.
② 곡식을 빻거나 찧으며 떡을 치기도 하는 기구.
③ 예상보다 훨씬 많이. 또는 적지 않게.
④ 완전히 깨어지거나 부서지다.
⑤ 장단이나 웃음소리, 울음소리가 온몸에 짜릿한 느낌이 들 정도로 빠르고 잦게 들리다.
⑥ 기쁜 일이 있을 때에 음식을 차려 놓고 여러 사람이 모여 즐기는 일.
⑦ 여닫게 되어 있는 물건을 잠그는 장치.

속담

속담의 뜻을 찾아 연결하시오.

1) 적을 얕보면 반드시 패한다. ●

2) 자라나는 초목은 꺾지 않는다. ●

3) 저승길이 대문 밖이다. ●

4) 자라 보고 놀란 가슴 솥뚜껑 보고 놀란다. ●

5) 자기가 기쁘면 남들도 기쁜 줄 안다. ●

6) 자기 배 부르면 남의 배 고픈 줄 모른다. ●

● ㉠ 젊은이들의 희망찬 포부를 꺾거나 전진을 제재하지 말아야 함을 이르는 말.

● ㉡ 집을 나서면 언제 어떻게 죽을지 모르는 험악한 세상임을 비유적으로 이르는 말.

● ㉢ 어떤 사물에 몹시 놀란 사람은 비슷한 사물만 보아도 겁을 냄을 이르는 말.

● ㉣ 남의 사정을 아랑곳하지 아니하고 모든 것을 자기 중심적으로만 생각함을 이르는 말.

● ㉤ 자기와 환경이나 조건이 다른 사람의 사정을 이해하기가 어려움을 이르는 말.

● ㉥ 적의 역량을 함부로 얕잡아 보았다가는 싸움에서 진다는 뜻으로, 언제나 적을 깔보지 말고 만반의 준비를 갖추어야 한다는 말.

한자성어

보기를 보고 빈칸에 알맞은 말을 쓰시오.

1) 누워서 몸을 이리저리 뒤척이며 잠을 이루지 못함. ☐

2) 앞으로 잘될 희망이 있음. ☐

3) 몹시 두려워서 벌벌 떨며 조심함. ☐

4) 자기가 한 말과 행동에 자기 자신이 옭혀 곤란하게 됨을 비유적으로 이르는 말. ☐

5) 모든 힘을 다 기울임. ☐

6) 이전에도 없었고 앞으로도 없음. ☐

7) 몸도 목숨도 다 되었다는 뜻으로, 어찌할 수 없는 절박한 경우를 비유적으로 이르는 말. ☐

8) 도둑이 도리어 매를 든다는 뜻으로, 잘못한 사람이 아무 잘못도 없는 사람을 나무람을 이르는 말. ☐

보기	절체절명	전전반측	전무후무	전도유망
	전력투구	적반하장	전전긍긍	자승자박

어휘 탐구 ....

빈 칸에 알맞은 말을 쓰시오.

1) 스스로 실력자로 │ 자 │   │ 하며 나섰다.

· 자기를 어떤 사람으로 여겨 그렇게 처신하다.

2) │ ㅈ │   │ 력 │ 을 기르는 노력을 하라.

· 자기의 감정이나 욕망을 스스로 억제하는 힘.

3) │ ㅈ │ 존 │ 심 │ 이 상하는 일이었다.

· 남에게 굽히지 아니하고 자신의 품위를 스스로 지키는 마음.

4) 그 부부가 │   │ 결 │   │ 할 가능성은 있어?,

· 한 번 헤어지거나 떨어졌다가 다시 결합함.

5) 그는 그 일이 있은 후로 │   │ 저 │   │ 했다.

· 종적을 아주 숨기다.

6) 승리를 │ 자 │   │ 하는 파티를 열었다.

· 자기에게 생긴 좋은 일을 스스로 축하하다.

7) 이미 결정을 했으므로 │   │ ㄱ │ 할 필요가 없다.

· 다시 되돌아보다.

8) │ ㅈ │   │ 심 │ 에 빠져 지냈던 지난 날을 후회하였다.

· 자신이나 자신과 관련 있는 것을 스스로 자랑하며 뽐내는 마음.

9) 실언을 한 뒤로 │ ㅈ │   │ 하는 모습을 보였다.

· 말이나 행동, 몸가짐 따위를 신중하게 하다.

10) 그 산업의 | 저 | ㅁ | 은 밝았다.

· 앞날을 헤아려 내다봄. 또는 내다보이는 장래의 상황.

11) 나의 예상은 | 저 | ㅈ | 했다.

· 예상이나 추측 또는 목표 따위에 꼭 들어맞다.

12) 갑자기 정아는 | 저 | 새 | 하고 말했다.

· 얼굴에 엄정한 빛을 나타내다.

13) 오늘 | | | 에 만나기로 했다.

· 낮 열두 시. 곧 태양이 표준 자오선을 지나는 순간을 이른다.

14) 물러서지 않고 덤벼 승리를 | | 취 | 했다.

· 힘들게 싸워서 바라던 바를 얻다.

15) 병이 | | ㅂ | 하자 몹시 낙심했다.

· 다시 발생되다. 또는 다시 일어나다.

16) 하단에 | | | 하는 선이 그어져 있습니다.

· 잘라 내다.

17) 이 테이프는 | | 차 | 이 잘 되지 않는다.

· 끈기 있게 붙음. 또는 끈기 있게 붙임.

18) 지금 메시지를 | 저 | 소 | 하겠습니다.

· 전하여 보내다.

관용구

ㅉ

짝에 없다	비할 데 없이 대단하거나 매우 심하다.
짝이 지다	양쪽을 비교할 때 서로 차이가 나 어울리지 않고 한쪽이 못하거나 떨어지다.
쪽박을 깨다	일을 망치다.
쪽박 들고 나서다	살림이 다 떨어져 남은 것이라고는 쪽박밖에 없다는 뜻으로, 가진 것이 아무 것도 없는 몹시 가난한 처지를 이르는 말.
쪽을 못 쓰다	① 기가 눌려 꼼짝 못 하다. ② 무엇에 반하여 꼼짝 못하다.
찌그렁이를 붙다	남에게 무리하게 떼를 쓰다.
찔러 피를 내다	공연히 덧들여서 새삼스러운 일을 저지르다.
찜 쪄 먹다	① 꾀, 재주, 수단 따위가 다른 것에 견주어 비교가 안 될 만큼 월등하다. ② 남을 해치거나 꼼짝 못 하게 하다.
찧고 까불다	되지도 않는 소리로 이랬다저랬다 하며 몹시 경망스럽게 굴다.

새삼스럽다 : ① 이미 알고 있는 사실에 대하여 느껴지는 감정이 갑자기 새로운 데가 있다. ② 하지 않던 일을 이제 와서 하는 것이 보기에 두드러진 데가 있다.

경망스럽다 : 행동이나 말이 가볍고 조심성 없는 데가 있다.

고유어

ㅉ

짜개다	나무 따위의 단단한 물건을 연장으로 베거나 찍어서 갈라지게 하다.
짜임	조직이나 구성.
짜하다	퍼진 소문이 와자하다.
짝	둘 또는 그 이상이 서로 어울려 한 벌이나 한 쌍을 이루는 것. 또는 그중의 하나.
짝귀	양쪽의 크기나 모양이 다르게 생긴 귀. 또는 그런 귀를 가진 사람.
짝꿍	① 짝을 이루는 동료. ② 뜻이 맞거나 매우 친한 사람을 이르는 말.
짝눈	① 양쪽의 크기나 모양이 다르게 생긴 눈. 또는 그 눈을 가진 사람. ② 양쪽 눈의 시력의 차이가 심한 눈.
짠물	짠맛이 나는 물.
짠하다	안타깝게 뉘우쳐져 마음이 조금 언짢고 아프다.
짬	어떤 일에서 손을 떼거나 다른 일에 손을 댈 수 있는 겨를.
째려보다	못마땅하여 매서운 눈초리로 흘겨보다.

와자하다 : 정신이 어지러울 만큼 떠들다.

언짢다 : 마음에 들지 않거나 좋지 않다.

쨍소리	조금이라도 반대하거나 항의하려는 말이나 태도.
쪽	① 방향을 가리키는 말. ② 서로 갈라지거나 맞서는 것 하나를 가리키는 말.
쫄깃하다	씹히는 맛이 조금 차지고 질긴 듯한 느낌이 있다.
찌개	뚝배기나 작은 냄비에 국물을 바특하게 잡아 고기 · 채소 · 두부 따위를 넣고, 간장 · 된장 · 고추장 · 젓국 따위를 쳐서 갖은 양념을 하여 끓인 반찬.
찡기다	팽팽하게 켕기지 못하고 구겨서 쭈글쭈글하게 되다. 또는 그렇게 하다.
찔러주다	① 남에게 암시하거나 귀띔하다. ② 남의 결함을 따끔하게 지적하다.
찜질	약물이나 더운물에 적신 헝겊, 또는 얼음덩이를 아픈 곳에 대어 병을 고치는 일.
찡찡거리다	언짢거나 못마땅하여 계속해서 자꾸 보채거나 짜증을 내다.
찢어지다	찢기어 갈라지다.

항의하다 : 못마땅한 생각이나 반대의 뜻을 주장하다.

암시하다 : 어두운 곳에서 물체를 보다. 적외선 장치를 사용한다.

속담

ㅉ

짜도 흩어진다	아무리 맞추어 짜도 자꾸 흩어지기만 한다는 뜻으로, 자꾸 없어져 달아나기만 하는 경우를 비유적으로 이르는 말.
짝사랑에 외기러기	혼자서만 사랑하여서는 아무 소용이 없다는 말.
쫓기는 개가 요란히 짖는다	힘이 약하여 쫓기는 자가 오히려 더 요란히 떠들어 댐을 비꼬는 말.
쭉정이는 불 놓고 알맹이는 거둬들인다	버릴 것은 버리고 쓸 것은 들여놓는다는 말.
짜지 않은 놈 짜게 먹고 맵지 않은 놈 맵게 먹는다	야무지지 못한 이가 짜게 먹고 싱거운 이가 맵게 먹는다는 뜻으로 아이들이 너무 짜고 맵게 먹는 것을 말리는 말.
찍자 찍자 하여도 차마 못 찍는다	어떤 일을 하려고 벼르기만 하고 하지 못함을 이르는 말.
찐 붕어가 되었다	기세가 꺾여 형편없이 되었음을 비유적으로 이르는 말.
찔러도 피 한 방울 안 나겠다	① 도무지 빈틈이 없고 야무짐을 비유적으로 이르는 말 . ② 냉혹하기 짝이 없어 인정이라고는 없음을 비유적으로 이르는 말.

요란히 : ① 시끄럽고 떠들썩하게. ② 정도가 지나쳐 어수선하고 야단스럽게.

야무지다 : 사람의 성질이나 행동, 생김새 따위가 빈틈이 없이 꽤 단단하고 굳세다.

문제로 실력 쌓기

관용구 ··

빈 칸에 알맞은 낱말을 쓰시오.

1) [ ][ㄹ] 피를 내다.

· 공연히 덧들여서 새삼스러운 일을 저지르다.

2) [ ] 쩌 먹다.

· 꾀, 재주, 수단 따위가 다른 것에 견주어 비교가 안 될 만큼 월등하다.

3) [ ] 이 지다.

· 양쪽을 비교할 때 서로 차이가 나 어울리지 아니하고 한쪽이 못하거나 떨어지다.

4) [찌][ㄱ] 까불다.

· 되지도 않는 소리로 이랬다저랬다 하며 몹시 경망스럽게 굴다.

고유어 ··

밑줄 친 낱말의 알맞은 뜻을 찾아 번호를 쓰시오.

1) 그는 한참 째려보더니 뛰어갔다. (   )

2) 민수와 나는 짝꿍이다. (   )

3) 어쩐지 마음이 짠했다. (   )

4) 옷감의 짜임이 촘촘해서 마음에 든다. (   )

5) 벌써 소문이 짜하게 났다. (   )

6) 나를 짝귀라고 놀렸지만 괜찮았다. (   )

7) 오늘 잡은 농어로 찜을 쪘다. (   )

> ① 뜻이 맞거나 매우 친한 사람을 이르는 말.
> ② 퍼진 소문이 왁자하다.
> ③ 여러 가지 양념을 한 고기나 채소를 찌거나 국물이 바특하게 삶은 음식.
> ④ 조직이나 구성.
> ⑤ 양쪽의 크기나 모양이 다르게 생긴 귀. 또는 그런 귀를 가진 사람.
> ⑥ 못마땅하여 매서운 눈초리로 흘겨보다.
> ⑦ 안타깝게 뉘우쳐져 마음이 조금 언짢고 아프다.

속담

속담의 뜻을 찾아 연결하시오.

1) 찔러도 피 한 방울 안나
   겠다 ●

2) 짝사랑에 외기러기 ●

3) 짜도 흩어진다 ●

4) 쭉정이는 불 놓고 알맹
   이는 거둬들인다 ●

5) 쫓기는 개가 요란히 짖
   는다 ●

6) 찐 붕어가 되었다 ●

● ㉠ 혼자서만 사랑하여서는 아무 소용이 없다는 말.

● ㉡ 아무리 맞추어 짜도 자꾸 흩어지기만 한다는 뜻으로, 자꾸
   없어져 달아나기만 하는 경우를 비유적으로 이르는 말.

● ㉢ 버릴 것은 버리고 쓸 것은 들여놓는다는 말.

● ㉣ 힘이 약하여 쫓기는 자가 오히려 더 요란히 떠들어 댐을
   비꼬는 말.

● ㉤ 기세가 꺾여 형편없이 되었음을 비유적으로 이르는 말.

● ㉥ 냉혹하기 짝이 없어 인정이라고는 없음을 비유적으로 이
   르는 말.

속담 2

속담의 뜻을 찾아 연결하시오.

1) 쫓겨 가는 며느리 대
   답질하듯 ●

2) 쫓기는 개가 요란히 짖
   는다 ●

3) 찢어졌으니 언청이 ●

4) 찧는 방아도 손이 나들
   어야 한다 ●

5) 짜지 않은 놈 짜게 먹고
   맵지 않은 놈 맵게 먹는
   다 ●

6) 짝 잃은 기러기 ●

● ㉠ 힘이 약하여 쫓기는 자가 오히려 더 요란히 떠들어 댐을
   비꼬는 말.

● ㉡ 어떤 명백한 결점이 있어서 어떻게 해도 좋게 볼 수는 없
   다는 말.

● ㉢ 무슨 일에나 공을 들여야 그 일이 잘된다는 말.

● ㉣ 몹시 외로운 사람을 비유적으로 이르는 말.

● ㉤ 남의 말을 받아 대꾸질을 잘하는 경우를 비꼬는 말.

● ㉥ 야무지지 못한 이가 짜게 먹고 싱거운 이가 맵게 먹는다
   는 뜻으로 아이들이 너무 짜고 맵게 먹는 것을 말리는 말.

관용구

ㅊ

책을 잡히다	(어떤 사람이 다른 사람에게) 잘못을 나무랄 구실을 주다.
척하면 삼천리	상대의 의도나 돌아가는 상황을 재빨리 알아차리는 것을 이르는 말.
천 갈래 만 갈래	아주 많은 여러 갈래.
천지가 개벽하다	큰 변혁이 일어나다.
천하를 얻은 듯	매우 기쁘고 만족스러움을 비유적으로 이르는 말.
첫 단추를 끼우다	새로운 과정을 출발하거나 일을 시작하다.
출사표를 던지다	경기, 경쟁 따위에 참가 의사를 밝히다.
춥고 배고프다	(사람이) 살림이 가난하여 살아가기가 힘들고 고생스럽다.
침 발라 놓다	자기 소유임을 표시하다.
침이 마르다	다른 사람이나 물건에 대하여 거듭해서 말하다.

> 변혁 : 급격하게 바꾸어 아주 달라지게 함.

> 소유 : 가지고 있음. 또는 그 물건.

고유어

ㅊ

차가워지다	①촉감이 서늘하고 썩 찬 느낌이 생기다. ②인정이 없이 매정하거나 쌀쌀해지다.
차고앉다	무슨 일을 맡아서 자리를 잡다.
차곡히	어떤 물건이 층이 나지 않고 가지런하게 포개어져 가득하게.
차렵	옷이나 이불 따위에 솜을 얇게 두는 방식.
차마	부끄럽거나 안타까워서 감히.
차분하다	마음이 가라앉아 조용하다.
착하다	언행이나 마음씨가 곱고 바르며 상냥하다.
찬바람	냉랭하고 싸늘한 기운이나 느낌을 비유적으로 이르는 말.
찬바람머리	가을철에 싸늘한 바람이 불기 시작할 무렵.
참되다	진실하고 올바르다.
채신없이	말이나 행동이 경솔하여 위엄이나 신망이 없이.

> 매정하다 : 얄미울 정도로 쌀쌀맞고 인정이 없다.

> 경솔하다 : 말이나 행동이 조심성 없이 가볍다.

속담

ㅊ

차려놓은 밥상 받듯	이미 준비된 일을 하는 것처럼 힘 안 들이고 손쉽게 일하는 것을 비유적으로 이르는 말.
참새 물 먹듯	음식을 조금씩 여러 번 먹는 모양을 비유적으로 이르는 말.
천 길 물속은 알아도 한 길 사람의 속은 모른다	사람의 속마음을 헤아리기란 매우 어렵다는 말.
치마폭이 넓다	남의 일에 쓸데없이 간섭하고 참견하다.
친구 따라 강남 간다	자신은 별로 하고 싶지 않은 일을 남이 하는 대로 덩달아 하게 됨을 비유적으로 이르는 말.
칠푼짜리 돼지 꼬리 같다	아무짝에도 쓸모없음을 비유적으로 이르는 말.
침 발린 말	겉으로만 꾸며서 듣기 좋게 하는 말을 비유적으로 이르는 말.

낭패 : 계획한 일이 실패로 돌아가거나 기대에 어긋나 매우 딱하게 됨.

한자성어

ㅊ

청천벽력	맑게 갠 하늘에서 치는 날벼락이라는 뜻으로, 뜻밖에 일어난 큰 변고나 사건을 비유적으로 이르는 말.
초로인생	풀잎에 맺힌 이슬과 같은 인생이라는 뜻으로, 허무하고 덧없는 인생을 비유적으로 이르는 말.
초지일관	처음에 세운 뜻을 끝까지 밀고 나감.
촌철살인	한 치의 쇠붙이로도 사람을 죽일 수 있다는 뜻으로, 간단한 말로도 남을 감동하게 하거나 남의 약점을 찌를 수 있음을 이르는 말.
출가외인	시집간 딸은 친정 사람이 아니고 남이나 마찬가지라는 뜻으로 이르는 말.
취사선택	여럿 가운데서 쓸 것은 쓰고 버릴 것은 버림.
측은지심	사단의 하나. 불쌍히 여기는 마음을 이른다. 인의예지 가운데 인에서 우러나온다.
칠전팔기	일곱 번 넘어지고 여덟 번 일어난다는 뜻으로, 여러 번 실패하여도 굴하지 아니하고 꾸준히 노력함을 이르는 말.
침소봉대	작은 일을 크게 불리어 떠벌림.

변고 : 갑작스러운 재앙이나 사고.

떠벌리다 : 이야기를 과장하여 늘어놓다.

ㅊ

차감하다	비교하여 덜어 내다.
차단하다	다른 것과의 관계나 접촉을 막거나 끊다.
차별하다	둘 이상의 대상을 각각 등급이나 수준 따위의 차이를 두어서 구별하다.
차선	최선의 다음.
차원	사물을 보거나 생각하는 처지. 또는 어떤 생각이나 의견 따위를 이루는 사상이나 학식의 수준.
차질	하던 일이 계획이나 의도에서 벗어나 틀어지는 일.
차출하다	어떤 일을 시키기 위하여 인원을 선발하여 내다.
착공하다	공사를 시작하다.
착란	어지럽고 어수선함.
착륙	비행기 따위가 공중에서 활주로나 판판한 곳에 내림.
착색	그림이나 물건에 물을 들이거나 색을 칠하여 빛깔이 나게 함.
착수하다	어떤 일에 손을 대다. 또는 어떤 일을 시작하다.
착시	시각적인 착각 현상.
착오	착각을 하여 잘못함. 또는 그런 잘못.
찬란하다	빛깔이나 모양 따위가 매우 화려하고 아름답다.
찬양하다	아름답고 훌륭함을 크게 기리고 드러내다.
참고하다	① 살펴서 생각하다. ② 살펴서 도움이 될 만한 재료로 삼다.
참관하다	어떤 자리에 직접 나아가서 보다.
참상	비참하고 끔찍한 상태나 상황.
참혹하다	비참하고 끔찍하다.
참회하다	자기의 잘못에 대하여 깨닫고 깊이 뉘우치다.
창궐하다	못된 세력이나 전염병 따위가 세차게 일어나 걷잡을 수 없이 퍼지다.
창조하다	전에 없던 것을 처음으로 만들다.
책략	어떤 일을 꾸미고 이루어 나가는 교묘한 방법.
처분하다	일정한 대상을 어떻게 처리할 것인가에 대하여 지시하거나 결정하다.
처세	사람들과 사귀며 살아감. 또는 그런 일.
천대	업신여기어 천하게 대우하거나 푸대접함.

접촉: ①서로 맞닿음. ②가까이 대하고 사귐.

선발하다: 많은 가운데서 골라 뽑다.

활주로: 비행장에서 비행기가 뜨거나 내릴 때에 달리는 길.

교묘하다: ① 솜씨나 재주 따위가 재치 있게 약삭빠르고 묘하다. ② 짜임새나 생김새 따위가 아기자기하게 묘하다.

천적	잡아먹는 동물을 잡아먹히는 동물에 상대하여 이르는 말.
천진하다	꾸밈이나 거짓이 없이 자연 그대로 깨끗하고 순진하다.
첨부하다	안건이나 문서 따위를 덧붙이다.
청연하다	말쑥하고 아름답다.
청초하다	화려하지 않으면서 맑고 깨끗한 아름다움을 지니고 있다.
청취	의견, 보고, 방송 따위를 들음.
체감되다	몸을 통해 어떤 감각이 느껴지다.
체지방	분해되지 않고 몸속에 쌓여 있는 지방.
초과	일정한 수나 한도 따위를 넘음. 기준이 수량으로 제시될 경우에는, 그 수량이 범위에 포함되지 않으면서 그 위인 경우를 가리킨다.
초대	①어떤 모임에 참가해 줄 것을 청함. ②사람을 불러 대접함.
초면	처음으로 대하는 얼굴. 또는 처음 만나는 처지.
초월하다	어떠한 한계나 표준을 뛰어넘다.
초입	①골목이나 문 따위에 들어가는 어귀. ②어떤 일이나 시기가 시작되는 첫머리.
초특급	특급보다 더 높은 등급.
촉망되다	잘되기를 바라게 되고 기대하게 되다.
촉발하다	어떤 일을 당하여 감정, 충동 따위가 일어나다. 또는 그렇게 되게 하다.
촉진하다	다그쳐 빨리 나아가게 하다.
촌극	사람들의 이목을 끄는 우발적이고 우스꽝스러운 일을 비유적으로 이르는 말.
촌락	시골의 작은 마을.
최첨단	시대나 유행의 맨 앞.
최후	①맨 마지막. ②삶의 마지막 순간.
추구하다	이치를 미루어서 깊이 생각하여 밝히다.
추락하다	①높은 곳에서 떨어지다. ②위신이나 가치 따위가 떨어지다.
추모하다	죽은 사람을 그리며 생각하다.
추방하다	일정한 지역이나 조직 밖으로 쫓아내다.
축소하다	모양이나 규모 따위를 줄여서 작게 하다.
출세	①사회적으로 높은 지위에 오르거나 유명하게 됨. ②숨어 살던 사람이 세상에 나옴.

순진하다: ①마음이 꾸밈이 없고 순박하다. ②세상물정에 어두워 어수룩하다.

표준: ①사물의 정도나 성격 따위를 알기 위한 근거나 기준. ②일반적인 것. 또는 평균적인 것.

규모: ①본보기가 될 만한 틀이나 제도. ②사물이나 현상의 크기나 범위. ③씀씀이의 계획성이나 일정한 한도.

관용구

빈 칸에 알맞은 낱말을 쓰시오.

1) 척하면 | 처 | ㄹ |

· 상대편의 의도나 돌아가는 상황을 재빠르게 알아차림을 비유적으로 이르는 말.

2) | 처 | | 를 얻은 듯

· 매우 기쁘고 만족스러움을 비유적으로 이르는 말.

3) 첫 | | ㅊ | 를 끼우다.

· 새로운 과정을 출발하거나 일을 시작하다.

4) | 치 | 이 마르다.

· 다른 사람이나 물건에 대하여 거듭해서 말하다.

고유어

밑줄 친 낱말의 알맞은 뜻을 찾아 번호를 쓰시오.

1) 차분하게 생각해야 한다. (   )

2) 미나는 착하고 성실하다. (   )

3) 채신없이 행동했던 것이 후회된다. (   )

4) 차곡히 잘 쌓아두었네. (   )

5) 대화는 끝났지만 여전히 찬바람이 나는 듯했다. (   )

6) 갑자기 차가워진 서준의 태도에 기가 막혔다. (   )

7) 참된 마음으로 다시 도전해볼 것이다. (   )

① 언행이나 마음씨가 곱고 바르며 상냥하다.
② 진실하고 올바르다.
③ 인정이 없이 매정하거나 쌀쌀해지다.
④ 냉랭하고 싸늘한 기운이나 느낌을 비유적으로 이르는 말.
⑤ 어떤 물건이 층이 나지 않고 가지런하게 포개어져 가득하게.
⑥ 마음이 가라앉아 조용하다.
⑦ 말이나 행동이 경솔하여 위엄이나 신망이 없이.

속담

속담의 뜻을 찾아 연결하시오.

1) 참새 물 먹듯 ●   ● ㉠ 남의 일에 쓸데없이 간섭하고 참견하다.

2) 침 발린 말 ●   ● ㉡ 음식을 조금씩 여러 번 먹는 모양을 비유적으로 이르는 말.

3) 차려놓은 밥상 받듯 ●   ● ㉢ 겉으로만 꾸며서 듣기 좋게 하는 말을 비유적으로 이르는 말.

4) 칠푼짜리 돼지 꼬리 같다 ●   ● ㉣ 아무짝에도 쓸모없음을 비유적으로 이르는 말.

5) 치마폭이 넓다 ●   ● ㉤ 자기는 하고 싶지 아니하나 남에게 끌려서 덩달아 하게 됨을 이르는 말.

6) 친구 따라 강남 간다 ●   ● ㉥ 이미 준비된 일을 하는 것처럼 힘 안 들이고 손쉽게 일하는 것을 비유적으로 이르는 말.

한자성어

보기를 보고 빈칸에 알맞은 말을 쓰시오.

1) 불쌍히 여기는 마음을 이른다. ⬚

2) 작은 일을 크게 불리어 떠벌림. ⬚

3) 여러 번 실패하여도 굴하지 아니하고 꾸준히 노력함을 이르는 말. ⬚

4) 시집간 딸은 친정 사람이 아니고 남이나 마찬가지라는 뜻으로 이르는 말. ⬚

5) 풀잎에 맺힌 이슬과 같은 인생이라는 뜻으로, 허무하고 덧없는 인생을 비유적으로 이르는 말. ⬚

6) 뜻밖에 일어난 큰 변고나 사건을 비유적으로 이르는 말. ⬚

7) 간단한 말로도 남을 감동하게 하거나 남의 약점을 찌를 수 있음을 이르는 말. ⬚

8) 처음에 세운 뜻을 끝까지 밀고 나감. ⬚

보기   침소봉대   칠전팔기   측은지심   촌철살인
        초로인생   초지일관   출가외인   청천벽력

어휘 탐구

빈 칸에 알맞은 말을 쓰시오.

1) ☐☐ 가 있었던 점 죄송합니다.

· 착각을 하여 잘못함. 또는 그런 잘못.

2) 전염병이 ☐궈 하여 큰 피해를 입혔다.

· 못된 세력이나 전염병 따위가 세차게 일어나 걷잡을 수 없이 퍼지다.

3) 원피스가 붉게 차☐ 되었다.

· 그림이나 물건에 물을 들이거나 색을 칠하여 빛깔이 나게 함.

4) 다음 달에 차고 할 예정입니다.

· 공사를 시작하다.

5) ☐☐ 를 잘해 문제가 없었다.

· 사람들과 사귀며 살아감. 또는 그런 일.

6) 지난 날의 잘못을 차☐ 하는 눈물을 흘렸다.

· 자기의 잘못에 대하여 깨닫고 깊이 뉘우치다.

7) 소음을 완벽하게 ㅊ다 합니다.

· 다른 것과의 관계나 접촉을 막거나 끊다.

8) 능력에 따른 ㅊ벼 이 있었다.

· 둘 이상의 대상을 각각 등급이나 수준 따위의 차이를 두어서 구별함.

9) 이 그림은 미묘한 차☐ 를 일으킨다.

· 시각적인 착각 현상.

94

10) 그저 | 처 | ㅈ | 한 아이일 뿐이었다.

· 꾸밈이나 거짓이 없이 자연 그대로 깨끗하고 순진하다.

11) | | | 바 | 이 많아 운동을 해야 한다.

· 분해되지 않고 몸속에 쌓여 있는 지방.

12) 목표는 오직 | | 세 | 였다.

· 사회적으로 높은 지위에 오르거나 유명하게 됨.

13) 진행이 | ㅊ | ㅌ | ㄱ | 으로 이루어졌다.

· 특급보다도 더 빠름.

14) | | ㅊ | 하게 핀 꽃 한송이.

· 화려하지 않으면서 맑고 깨끗한 아름다움을 지니고 있다.

15) | | 저 | 이 없어 개체수가 늘었다.

· 잡아먹는 동물을 잡아먹히는 동물에 상대하여 이르는 말.

16) 그곳에서 | | | 를 맞이했다.

· 삶의 마지막 순간.

17) 사업의 규모를 | | ㅅ | 하고 다른 전략을 짰다.

· 모양이나 규모 따위를 줄여서 작게 하다.

18) | ㅊ | | 에 실례가 많았습니다.

· 처음으로 대하는 얼굴. 또는 처음 만나는 처지.

관용구

ㅋ

칼 같다	① (바람이) 몹시 차다. ② (말 따위가) 정곡을 찌르다.
칼을 빼 들다	결함, 문제 따위를 해결하려고 하다.
코가 납작해지다	몹시 무안을 당하거나 기가 죽어 위신이 뚝 떨어지다.
코가 높다	잘난 체하고 뽐내는 기세가 있다.
코웃음을 치다	남을 깔보고 비웃다.
코피가 터지다	손해나 손실을 보다.
콩가루가 되다	어떤 물건이 완전히 부서지다.
콩나물 박히듯	무엇이 빼곡히 들어선 모양을 비유적으로 이르는 말.
콩 볶듯	① 총소리가 요란한 모양을 비유적으로 이르는 말. ② 사람을 달달 볶아서 괴롭히는 모양을 비유적으로 이르는 말.
큰 걸음을 내디디다	크게 발전하거나 전진하다.

> 정곡 : 가장 중요한 요점 또는 핵심.

> 전진하다 : 앞으로 나아가다.

고유어

ㅋ

카랑카랑하다	목소리가 쇳소리처럼 매우 맑고 높다.
칸	건물, 기차 안, 책장 따위에서 일정한 규격으로 둘러막아 생긴 공간.
칸막이	둘러싸인 공간의 사이를 가로질러 막음. 또는 그렇게 막은 물건.
칸살	일정한 간격으로 어떤 건물이나 물건에 사이를 갈라서 나누는 살.
칼잠	충분하지 아니한 공간에서 여럿이 잘 때 바로 눕지 못하고 몸의 옆 부분을 바닥에 댄 채로 불편하게 자는 잠.
칼칼하다	목소리가 조금 쉰 듯하고 거친 느낌이 있다.
캄캄하다	① 아주 까맣게 어둡다. ② 희망이 없는 상태에 있다.
코골이	자면서 코를 고는 일.
콜록거리다	감기나 천식 따위로 가슴 속에서 울려 나오는 기침 소리를 잇따라 내다.
콸콸거리다	물 따위의 액체가 가는 줄기로 몰리어 흐르는 소리가 계속 나다.
콧김	콧구멍으로 나오는 더운 김.
콧방귀	코로 나오는 숨을 막았다가 갑자기 터뜨리면서 불어 내는 소리.

> 희망 : ① 어떤 일을 이루거나 하기를 바람. ② 앞으로 잘될 수 있는 가능성.

속담

ㅋ

칼을 뽑았으면 무라도 잘라야지	어떤 일을 하려고 결심을 했으면 힘들더라도 포기하지 않고 해 보아야 한다는 말.
코가 어디 붙은지 모른다	그 사람이 어떻게 생겼는지 모른다는 뜻으로, 전혀 모르는 사람이라는 말.
콩 심은 데 콩 나고 팥 심은 데 팥 난다	모든 일은 근본에 따라 거기에 걸맞은 결과가 나타나는 것임을 비유적으로 이르는 말.
콩으로 메주를 쑨다 하여도 곧이듣지 않는다.	아무리 사실대로 말하여도 믿지 아니함을 비유적으로 이르는 말.
큰 고기를 낚기 위하여 작은 미끼를 아끼지 말라	큰일을 이루기 위하여서는 작은 이익 정도는 희생하며 대담하게 행동하여야 함을 이르는 말.
키는 작아도 담은 크다	키는 작지만 용감한 사람을 추어올리거나 칭찬하는 말.

결심하다: 할 일에 대하여 어떻게 하기로 마음을 굳게 정하다.

큰일: 다루는 데 힘이 많이 들고 범위가 넓은 일. 또는 중대한 일.

ㅌ

타고난 재주 사람마다 하나씩은 있다	사람은 누구나 한 가지씩의 재주는 가지고 있어서 그것으로 먹고 살아가게 마련이라는 말.
탕약에 감초 빠질까	여기저기 아무 데나 끼어들어 빠지는 일이 없는 사람을 놀림조로 이르는 말.
터를 닦아야 집을 짓는다	기초 작업을 해야 그 위에 일을 벌일 수 있음을 비유적으로 이르는 말.
턱 떨어지는 줄 모른다	어떤 일에 몹시 열중하여 정신이 없음을 비유적으로 이르는 말.
털끝도 못 건드리게 한다	조금도 손대지 못하게 한다는 말.
털어서 먼지 안 나는 사람 없다	누구나 다 조그마한 허물은 가지고 있다는 말.
토끼가 제 방귀에 놀란다	행동이나 말이 가볍고 방정맞음을 비유적으로 이르는 말.
티끌 속의 구슬	세상에 알려지지 못하고 파묻혀 있는 사람이나 그 사람의 재능 따위를 비유적으로 이르는 말.

열중하다: 한 가지 일에 정신을 쏟다.

97

관용구

빈 칸에 알맞은 낱말을 쓰시오.

1) [ㅇㅇ] 을 치다.

 · 남을 깔보고 비웃다.

2) [ㅋ] 가 터지다.

 · 손해나 손실을 보다.

3) [ ] 가 납작해지다.

 · 몹시 무안을 당하거나 기가 죽어 위신이 뚝 떨어지다.

4) [ㄱㄹ] 가 되다.

 · 어떤 물건이 완전히 부서지다.

고유어

밑줄 친 낱말의 알맞은 뜻을 찾아 번호를 쓰시오.

1) 코골이가 너무 심해서 옆에 있기 힘들다. (   )

2) 그렇게 혼이 나고도 명우는 콧방귀도 뀌지 않았다. (   )

3) 영주가 우리 모임에서 가장 콧김이 세다. (   )

4) 세상 물정에 캄캄해서 걱정이다. (   )

5) 정우가 콜콜거리며 잠이 들었다. (   )

6) 칸막이를 해서 공간이 나누어져 있다. (   )

7) 열악한 방에서 칼잠을 잤더니 피곤하다. (   )

① 누군가에게 끼치는 영향력을 비유적으로 이르는 말.
② 곤하게 깊이 자면서 숨을 쉬는 소리를 자꾸 내다.
③ 둘러싸인 공간의 사이를 가로질러 막음. 또는 그렇게 막은 물건.
④ 어떤 사실을 전혀 모르거나 잊은 상태이다.
⑤ 충분하지 아니한 공간에서 여럿이 잘 때 바로 눕지 못하고 몸의 옆 부분을 바닥에 댄 채로 불편하게 자는 잠.
⑥ 코로 나오는 숨을 막았다가 갑자기 터뜨리면서 불어 내는 소리.
⑦ 자면서 코를 고는 일.

속담

속담의 뜻을 찾아 연결하시오.

1) 콩 심은 데 콩 나고 팥
심은 데 팥 난다 ●

2) 키는 작아도 담은 크다 ●

3) 코가 어디 붙은지 모른
다 ●

4) 콩으로 메주를 쑨다 하
여도 곧이듣지 않는다 ●

5) 칼을 뽑았으면 무라도
잘라야지 ●

6) 큰 고기를 낚기 위하여
작은 미끼를 아끼지 말
라 ●

● ㉠ 아무리 사실대로 말하여도 믿지 아니함을 비유적으로 이
르는 말.

● ㉡ 키는 작지만 용감한 사람을 추어올리거나 칭찬하는 말.

● ㉢ 그 사람이 어떻게 생겼는지 모른다는 뜻으로, 전혀 모르는
사람이라는 말.

● ㉣ 어떤 일을 하려고 결심을 했으면 힘들더라도 포기하지 않
고 해 보아야 한다는 말.

● ㉤ 큰일을 이루기 위하여서는 작은 이익 정도는 희생하며 대
담하게 행동하여야 함을 이르는 말.

● ㉥ 모든 일은 근본에 따라 거기에 걸맞은 결과가 나타나는 것
임을 비유적으로 이르는 말.

속담 2

속담의 뜻을 찾아 연결하시오.

1) 티끌 속의 구슬 ●

2) 터를 닦아야 집을 짓
는다 ●

3) 턱 떨어지는 줄 모른다 ●

4) 토끼가 제 방귀에 놀란
다 ●

5) 탕약에 감초 빠질까 ●

6) 타고난 재주 사람마다
하나씩은 있다 ●

● ㉠ 여기저기 아무 데나 끼어들어 빠지는 일이 없는 사람을 놀
림조로 이르는 말.

● ㉡ 사람은 누구나 한 가지씩의 재주는 가지고 있어서 그것으
로 먹고 살아가게 마련이라는 말.

● ㉢ 기초 작업을 해야 그다음 일을 할 수 있음을 비유적으로
이르는 말.

● ㉣ 행동이나 말이 가볍고 방정맞음을 비유적으로 이르는 말.

● ㉤ 어떤 일에 몹시 열중하여 정신이 없음을 비유적으로 이르
는 말.

● ㉥ 세상에 알려지지 못하고 파묻혀 있는 사람이나 그 사람의
재능 따위를 비유적으로 이르는 말.

관용구

ㅌ

탈을 벗다	거짓으로 꾸민 모습을 버리고 본래의 모습을 드러내다.
태산 같다	(무엇이) 매우 크거나 많다.
터를 잡다	① (사람이 어떤 장소에) 살아갈 자리나 위치를 정하다. ② (사람이 어떤 장소에) 살아갈 기반을 마련하다.
털끝 하나	'아무것도' 또는 '아무리 작은 것이라도'를 이르는 말.

기반 : 기초가 되는 바탕. 또는 사물의 토대.

ㅍ

파리를 날리다	영업이나 사업 따위가 잘 안되어 한가하다.
판에 박은 듯하다	사물의 모양이 같거나 똑같은 일이 되풀이되다.
피가 뜨겁다	의지나 의욕 따위가 매우 강하다.
피와 땀	대단한 인내와 노력을 이르는 말.

영업 : 영리를 목적으로 하는 사업. 또는 그런 행위.

고유어

ㅌ

타다	불씨나 높은 열로 불이 붙어 번지거나 불꽃이 일어나다.
타들다	안이나 속으로 들어가며 타다.
타령	어떤 사물에 대한 생각을 말이나 소리로 나타내 자꾸 되풀이하는 일.
타박	허물이나 결함을 나무라거나 핀잔함.
탈것	자전거, 자동차 따위의 사람이 타고 다니는 물건을 통틀어 이르는 말.
탈바꿈	원래의 모양이나 형태를 바꿈.
탐탁스럽다	모양이나 태도, 또는 어떤 일 따위가 마음에 들어 만족스러운 듯하다.
터울	한 어머니로부터 먼저 태어난 아이와 그 다음에 태어난 아이와의 나이 차이.
턱밑	아주 가까운 곳을 비유적으로 이르는 말.
턱짓	턱을 움직이어 자기의 뜻을 나타내는 동작.
텃세	먼저 자리를 잡은 사람이 뒤에 들어오는 사람에 대하여 가지는 특권 의식. 또는 뒷사람을 업신여기는 행동.
통통하다	키가 작고 살이 쪄 몸이 옆으로 퍼진 듯하다.

결함 : 부족하거나 완전하지 못하여 흠이 되는 부분.

특권 의식 : 사회·정치·경제적으로 특별한 권리를 누리고자 하는 태도.

속담

ㅍ

파리 본 두꺼비	마음에 드는 물건을 보고 몹시 좋아하면서 가지고 싶어 널름거리는 모양을 비유적으로 이르는 말.
팔 고쳐 주니 다리 부러졌다 한다	① 체면이 없이 무리하게 계속 요구를 하는 경우를 이르는 말. ② 사고가 잇따라 일어남을 비유적으로 이르는 말.
팔이 안으로 굽지 밖으로 굽나	자기와 가까운 사람에게 더 정이 쏠리거나 그 사람에게 유리하게 일을 처리하는 것이 사람의 마음이라는 말.
편보다 떡이 낫다	같은 종류의 물건이지만 한쪽이 다른 한쪽보다 낫게 생각되는 경우에 이르는 말.
편지에 문안	편지에는 으레 문안하는 말이 있다는 뜻으로, 항상 빠지지 않고 끼어드는 것이나 항상 빠뜨리지 않고 하는 일을 비유적으로 이르는 말.
평안 감사도 저 싫으면 그만이다	아무리 좋은 일이라도 자기가 내키지 않으면 할 수 없다는 말.

체면 : 남을 대하기에 떳떳한 도리나 얼굴.

으레 : ① 두말할 것 없이 당연히. ② 틀림없이 언제나.

한자성어

ㅍ

파경	① 깨어진 거울. ② 이지러진 달을 비유적으로 이르는 말. ③ 부부가 헤어지는 것을 비유적으로 이르는 말.
파란만장	사람의 생활이나 일의 진행이 여러 가지 곡절과 시련이 많고 변화가 심함.
팔척장신	키가 매우 큰 사람이나 그 사람의 몸을 과장하여 이르는 말.
패가망신	집안의 재산을 다 써 없애고 몸을 망침.
편모시하	홀로 남은 어머니를 모시고 있는 처지.
포복절도	배를 그러안고 넘어질 정도로 몹시 웃음.
포학무도	성질 따위가 몹시 잔인하고 난폭하며 도리에 어긋나 막됨.
풍비박산	사방으로 날아 흩어짐.
풍전등화	① 바람 앞의 등불이라는 뜻으로, 사물이 매우 위태로운 처지에 놓여 있음을 비유적으로 이르는 말. ② 사물이 덧없음을 비유적으로 이르는 말.
피차일반	두 편이 서로 같음.
필문필답	글로 써서 묻고 대답함.

시련 : 겪기 어려운 단련이나 고비.

도리 : 사람이 어떤 입장에서 마땅히 행하여야 할 바른 길.

ㅌ

타격	어떤 일에서 크게 기를 꺾음. 또는 그로 인한 손해, 손실.
타계	인간계를 떠나서 다른 세계로 간다는 뜻으로, 사람의 죽음 특히 귀인(貴人)의 죽음을 이르는 말.
탄력	① 용수철처럼 튀거나 팽팽하게 버티는 힘. ② 반응이 빠르고 힘이 넘치는 것을 비유적으로 이르는 말. ③ 탄성체가 외부의 힘에 대항하여 본래의 형태로 돌아가려는 힘.
탈락	범위에 들지 못하고 떨어지거나 빠짐.
탈수	어떤 물체 안에 들어 있는 물기를 뺌. 또는 물기가 빠짐.
탈주자	몰래 빠져나와 달아나는 사람.
탈환하다	빼앗겼던 것을 도로 빼앗아 찾다.
탐구하다	필요한 것을 조사하여 찾아내거나 얻어 내다.
탐독하다	① 어떤 글이나 책 따위를 열중하여 읽다. ② 어떤 글이나 책 따위를 유달리 즐겨 읽다.
탐문하다	알려지지 않은 사실이나 소식 따위를 알아내기 위하여 더듬어 찾아 묻다.
탐사하다	알려지지 않은 사물이나 사실 따위를 샅샅이 더듬어 조사하다.
탐험하다	위험을 무릅쓰고 어떤 곳을 찾아가서 살펴보고 조사하다.
토대	어떤 사물이나 사업의 밑바탕이 되는 기초와 밑천을 비유적으로 이르는 말.
토벌하다	무력으로 쳐서 응징하다.
토양	① 식물에 영양을 공급하여 자라게 할 수 있는 흙. ② 어떤 활동이 이루어질 수 있는 밑받침을 비유적으로 이르는 말.
통감하다	마음에 사무치게 느끼다.
통로	① 통하여 다니는 길. ② 의사소통이나 거래 따위가 이루어지는 길.
통신	① 소식을 전함. ② 우편이나 전신, 전화 따위로 정보나 의사를 전달함. ③ 신문이나 잡지에 실을 기사의 자료를 보냄. 또는 그 자료.
통행	① 일정한 장소를 지나다님. ② 돈이나 물건이 일반에 두루 쓰임.
퇴보	① 뒤로 물러감. ② 정도나 수준이 이제까지의 상태보다 뒤떨어지거나 못하게 됨.
퇴장하다	① 어떤 장소에서 물러나다. ② 회의장에서 회의를 마치기 전에 자리를 뜨다. ③ 연극 무대에서 등장인물이 무대 밖으로 나가다.
퇴짜	바치는 물건을 물리치는 일. 또는 그 물건.

대항하다: 굽히거나 지지 않으려고 맞서서 버티거나 항거하다.

유달리: 여느 것과는 아주 다르게.

응징하다: 잘못을 깨우쳐 뉘우치도록 징계하다. ② 적국을 정복하다.

사무치다: 깊이 스며들거나 멀리까지 미치다.

파장	여러 사람이 모여 벌이던 판이 거의 끝남. 또는 그 무렵.
판매하다	상품 따위를 팔다.
판별하다	옳고 그름이나 좋고 나쁨을 판단하여 구별하다.
패기	어떤 어려운 일이라도 해내려는 굳센 기상이나 정신.
팽창하다	부풀어서 부피가 커지다.
편의	형편이나 조건 따위가 편하고 좋음.
편향	한쪽으로 치우침.
폄하하다	가치를 깎아내리다.
폐문	①쓰고 있던 문을 쓸 수 없도록 함. 또는 그 문. ②더 이상 일을 보지 않음을 비유적으로 이르는 말.
폐쇄	①문 따위를 닫아걸거나 막아 버림. ② 기관이나 시설을 없애거나 기능을 정지함. ③ 외부와의 문화적·정신적인 교류를 끊거나 막음.
폐활량	허파 속에 최대한도로 공기를 빨아들여 다시 배출하는 공기의 양.
포착하다	① 꼭 붙잡다. ②요점이나 요령을 얻다. ③어떤 기회나 정세를 알아차리다.
포함하다	어떤 사물이나 현상 가운데 함께 들어가게 하거나 함께 넣다.
포화	더 이상의 양을 수용할 수 없이 가득 참.
포효하다	① 사나운 짐승이 울부짖다. ② (비유적으로) 사람, 기계, 자연물 따위가 세고 거칠게 소리를 내다.
포획하다	①적병을 사로잡다. ② 짐승이나 물고기를 잡다.
폭발하다	① 속에 쌓여 있던 감정 따위가 일시에 세찬 기세로 나오다. ② 힘이나 열기 따위가 갑작스럽게 퍼지거나 일어나다. ③ 어떤 사건이 갑자기 벌어지다.
폭주하다	매우 빠른 속도로 난폭하게 달리다.
표시	겉으로 드러내 보임.
표준	①사물의 정도나 성격 따위를 알기 위한 근거나 기준. ②일반적인 것. 또는 평균적인 것.
풍년	①곡식이 잘 자라고 잘 여물어 평년보다 수확이 많은 해. ②어떤 선물이 매우 많거나 사물의 소득이 매우 많은 경우를 비유적으로 이르는 말.
풍류	멋스럽고 풍치가 있는 일. 또는 그렇게 노는 일.

부피 : ①넓이와 높이를 가진 물건이 공간에서 차지하는 크기. ②입체가 차지하는 공간의 크기.

평균적 : 수량이나 정도 따위가 중간이 되는. 또는 그런 것.

103

관용구 ··

빈 칸에 알맞은 낱말을 쓰시오.

1) [   ] 를 잡다.

· ①(사람이 어떤 장소에) 살아갈 자리나 위치를 정하다. ② (사람이 어떤 장소에) 살아갈 기반을 마련하다.

2) [   ] 가 뜨겁다.

· 의지나 의욕 따위가 매우 강하다.

3) [사] 같다.

· (무엇이) 매우 크거나 많다.

4) [파   ] 잡듯

· 힘들이지 아니하고 죽여 없애는 모양을 비유적으로 이르는 말.

고유어 ··

밑줄 친 낱말의 알맞은 뜻을 찾아 번호를 쓰시오.

1) 처음에는 텃세 때문에 고생했어요.(   )

2) 동생과 나는 두 살 터울이다. (   )

3) 또 옷 타령이니?(   )

4) 턱짓으로 받으라고 했다. (   )

5) 창의적 발상과 연구를 통해 새로운 탈바꿈을 모색해야 한다. (   )

6) 대뜸 타박을 주어 무안했다. (   )

7) 가장 좋아하는 탈것은 무엇이니?(   )

① 어떤 사물에 대한 생각을 말이나 소리로 나타내 자꾸 되풀이하는 일.
② 허물이나 결함을 나무라거나 핀잔함.
③ 자전거, 자동차 따위의 사람이 타고 다니는 물건을 통틀어 이르는 말.
④ 턱을 움직이어 자기의 뜻을 나타내는 동작.
⑤ 원래의 모양이나 형태를 바꿈.
⑥ 먼저 자리를 잡은 사람이 뒤에 들어오는 사람에 대하여 가지는 특권 의식. 또는 뒷사람을 업신여기는 행동.
⑦ 한 어머니로부터 먼저 태어난 아이와 그 다음에 태어난 아이와의 나이 차이.

속담

속담의 뜻을 찾아 연결하시오.

1) 평안 감사도 저 싫으면 그만이다 ●

2) 편지에 문안 ●

3) 팔 고쳐 주니 다리 부러졌다 한다 ●

4) 편보다 떡이 낫다 ●

5) 팔이 안으로 굽지 밖으로 굽나 ●

6) 파리 본 두꺼비 ●

● ㉠ 체면이 없이 무리하게 계속 요구를 하는 경우를 이르는 말.

● ㉡ 같은 종류의 물건이지만 한쪽이 다른 한쪽보다 낮게 생각되는 경우에 이르는 말.

● ㉢ 아무리 좋은 일이라도 당사자의 마음이 내키지 않으면 억지로 시킬 수 없음을 비유적으로 이르는 말.

● ㉣ 자기 혹은 자기와 가까운 사람에게 정이 더 쏠리거나 유리하게 일을 처리함은 인지상정이라는 말.

● ㉤ 마음에 드는 물건을 보고 몹시 좋아하면서 가지고 싶어 널름거리는 모양을 비유적으로 이르는 말.

● ㉥ 편지에는 으레 문안하는 말이 있다는 뜻으로, 항상 빠지지 않고 끼어드는 것이나 항상 빠뜨리지 않고 하는 일을 비유적으로 이르는 말.

한자성어

보기를 보고 빈칸에 알맞은 말을 쓰시오.

1) 집안의 재산을 다 써 없애고 몸을 망침.

2) 배를 그러안고 넘어질 정도로 몹시 웃음.

3) 사방으로 날아 흩어짐.

4) 사람의 생활이나 일의 진행이 여러 가지 곡절과 시련이 많고 변화가 심함.

5) 키가 매우 큰 사람이나 그 사람의 몸을 과장하여 이르는 말.

6) 사물이 매우 위태로운 처지에 놓여 있음을 비유적으로 이르는 말.

7) 두 편이 서로 같음.

8) ① 깨어진 거울. ② 이지러진 달을 비유적으로 이르는 말.

보기 피차일반 패가망신 파란만장 포복절도
      풍비박산 풍전등화 팔척장신 파경

어휘 탐구

빈 칸에 알맞은 말을 쓰시오.

1) 영화가 끝나자 관객들이 [ ][ ] 하기 시작했다.

· 어떤 장소에서 물러나다.

2) 열심히 노력했지만 결론적으로 [퇴][ ] 하고 말았다.

· 정도나 수준이 이제까지의 상태보다 뒤떨어지거나 못하게 되다.

3) 이번에는 [ ][라] 했지만 다음 번에는 반드시 성공할 것이다.

· 범위에 들지 못하고 떨어지거나 빠지다.

4) 이번에 바닷속을 [타][ㅅ] 할 인원은 아직 정해지지 않았다.

· 알려지지 않은 사물이나 사실 따위를 샅샅이 더듬어 조사하다.

5) 공들여 작성한 보고서가 [토][ ] 를 당했다.

· 바치는 물건을 물리치는 일. 또는 그 물건.

6) 무엇보다 사랑의 힘이 크다는 것을 [ ][가] 했다.

· 마음에 사무치게 느끼다.

7) 드디어 2년 만에 대표팀은 우승을 [타][화] 했다.

· 빼앗겼던 것을 도로 빼앗아 찾다.

8) 존경받던 이 선생은 올해 [타][ ] 하였다.

· 인간계를 떠나서 다른 세계로 간다는 뜻으로, 사람의 죽음 특히 귀인의 죽음을 이르는 말.

9) 저는 과학 분야의 책을 [ ][도] 하였습니다.

· 어떤 글이나 책 따위를 열중하여 읽다.

10) 그쪽은 [ ][口] 이에요.

· 쓰고 있던 문을 쓸 수 없도록 함. 또는 그 문.

11) [ ][ ][ ] 이 눈에 띄게 좋아졌어요.

· 허파 속에 최대한도로 공기를 빨아들여 다시 배출하는 공기의 양. 신체의 건강 여부를 검사하는 기준이다.

12) [ ][ㄱ] 넘치는 자세가 좋다.

· 어떤 어려운 일이라도 해내려는 굳센 기상이나 정신.

13) 먹이를 놓친 호랑이는 [ㅍ][ ] 했다.

· 사나운 짐승이 울부짖다.

14) 다친 길고양이를 [ㅍ][회] 하는 데 성공했다.

· 짐승이나 물고기를 잡다.

15) 지금 보시는 이 크기를 [ ][ ] 으로 삼습니다.

· 일반적인 것. 또는 평균적인 것.

16) 올해는 [ ][ㄴ] 이 들었다.

· 곡식이 잘 자라고 잘 여물어 평년보다 수확이 많은 해.

17) 지금 강연자가 말하고자 하는 바를 잘 [ ][차] 해야 합니다.

· 요점이나 요령을 얻다.

18) 오른쪽 문은 [ ][ㅅ] 되었으니 돌아나가십시오.

· 문 따위가 닫히거나 막히다.

관용구

ㅎ

하나부터 열까지	어떤 것이나 다. **예문)** 하나부터 열까지 마음에 들었다.
하늘과 같다	(어떤 사람이나 그 은혜 따위가) 우러러볼 만큼 크고 고귀하다.
하늘과 땅	두 사물 사이에 큰 차이나 거리가 있음을 비유적으로 이르는 말.
하루에도 열두 번	매우 빈번하게.
학을 떼다	괴롭거나 어려운 상황을 벗어나느라고 진땀을 빼거나, 그것에 거의 질려 버리다.
한 건 하다	어떤 일을 한 뒤에 성과를 내다.
한 우물을 파다	한 가지 일에 몰두하여 끝까지 하다.
한 귀로 흘리다	듣고도 마음에 두지 아니하고 무시하다.
혼이 나가다	정신이 정상적인 상태에서 벗어나 어리벙벙해져서 무엇을 잘 알아차리지 못하다.

고귀하다: ① 훌륭하고 귀중하다. ② 지체가 높고 귀하다. ③ 물건 따위가 귀하고 값이 비싸다.

성과: 이루어 낸 결실.

얼: 정신의 줏대.

고유어

ㅍ

파리하다	몸이 마르고 낯빛이나 살색이 핏기가 전혀 없다.
팍팍하다	삶의 여유가 없고 힘겹다.
판	일이 벌어진 자리. 또는 그 장면.
판달리	아주 다르게.

ㅎ

하얗다	깨끗한 눈이나 밀가루와 같이 밝고 선명하게 희다.
하염없이	시름에 싸여 멍하니 이렇다 할 만한 아무 생각이 없이.
하이고	아프거나 힘들거나 놀라거나 원통하거나 기막힐 때 내는 소리.
하잘것없다	시시하여 해 볼 만한 것이 없다. 또는 대수롭지 아니하다.
한가운데	공간이나 시간, 상황 따위의 바로 가운데.
한뎃잠	한데에서 자는 잠.

멍하니: 정신이 나간 것처럼 얼떨떨하게.

속담

ㅎ

하늘에서 떨어졌나 땅에서 솟았나	뜻밖에 돌연히 나타남을 이르는 말.
하늘의 별 따기	무엇을 얻거나 성취하기가 매우 어려운 경우를 비유적으로 이르는 말.
하늘이 무너져도 솟아날 구멍이 있다	아무리 어려운 경우에 처하더라도 살아 나갈 방도가 생긴다는 말.
하자고 결심하면 못 해낼 일이 없다	결심과 각오만 단단하다면 무슨 일이든 성사할 수 있다는 말.
한 입으로 두말하기	한 가지 일에 대하여 말을 이렇게 하였다 저렇게 하였다 한다는 말.
한번 엎지른 물은 다시 주워 담지 못한다	일단 저지른 잘못은 회복하기 어렵다는 말.
한 치 앞이 어둠	사람의 일은 미리 짐작할 수 없다는 말.
헌 집 고치기	일한 보람 없이 자꾸 일거리가 생김을 비유적으로 이르는 말.

성취하다: 목적한 바를 이루다.

짐작하다: 사정이나 형편 따위를 어림잡아 헤아리다.

한자성어

ㅎ

해로	부부가 한평생 같이 살며 함께 늙음.
허심탄회	품은 생각을 터놓고 말할 만큼 아무 거리낌이 없고 솔직함.
혈맥상통	핏줄이 서로 통함. 곧 혈육의 관계가 있음을 이른다.
혈혈단신	의지할 곳이 없는 외로운 홀몸.
형설지공	반딧불·눈과 함께 하는 노력이라는 뜻으로, 고생을 하면서 부지런하고 꾸준하게 공부하는 자세를 이르는 말.
형형색색	형상과 빛깔 따위가 서로 다른 여러 가지.
호구여생	여러 차례 죽을 고비를 겪고 겨우 살아남은 목숨.
효시	어떤 사물이나 현상이 시작되어 나온 맨 처음을 비유적으로 이르는 말.
후안무치	뻔뻔스러워 부끄러움이 없음.
후회막급	이미 잘못된 뒤에 아무리 후회하여도 다시 어찌할 수가 없음.
흉악무도	성질이 거칠고 사나우며 도의심이 없음.

혈육: ①피와 살을 아울러 이르는 말. ②부모, 자식, 형제 따위의 한 혈통으로 맺어진 육친.

도의심: 사람이 마땅히 행하여야 할 도덕적 의리를 소중히 여기는 마음.

ㅎ

하강하다	높은 곳에서 아래로 향하여 내려오다.
하관하다	시체를 묻을 때에 관을 광중(壙中)에 내리다.
하산하다	① 산에서 내려오거나 내려가다. ② 깨달음을 얻거나 생활할 수 없어 산에서의 생활을 그만두다.
하숙하다	일정한 방세와 식비를 내고 남의 집에 머물면서 숙식하다.
학문	어떤 분야를 체계적으로 배워서 익힘. 또는 그런 지식.
학예	① 학문과 예능을 통틀어 이르는 말. ② 문장과 기예를 통틀어 이르는 말.
한적하다	한가하고 고요하다.
한파	겨울철에 기온이 갑자기 내려가는 현상.
할인	일정한 값에서 얼마를 뺌.
함락	① 땅이 무너져 내려앉음. ② 적의 성, 요새, 진지 따위를 공격하여 무너뜨림.
함몰되다	① 물속이나 땅속에 빠지게 되다. ② 결딴이 나서 없어지다. ③ 재난을 당하여 멸망하게 되다.
함성	여러 사람이 함께 외치거나 지르는 소리.
함유량	물질이 어떤 성분을 포함하고 있는 분량.
합격	① 시험, 검사, 심사 따위에서 일정한 조건을 갖추어 어떠한 자격이나 지위 따위를 얻음. ② 어떤 조건이나 격식에 맞음.
합계	한데 합하여 계산함. 또는 그런 수효.
합리화하다	① 이론이나 이치에 합당하게 하다. ② 낭비적 요소나 비능률적 요소를 없애 더 능률적으로 체제를 개선하다.
합숙	여러 사람이 한곳에서 집단적으로 묵음.
합성	둘 이상의 것을 합쳐서 하나를 이룸.
합의하다	서로 의견이 일치하다.
항해	① 배를 타고 바다 위를 다님. ② 어떤 목표를 향하여 나아감. 또는 그런 과정을 비유적으로 이르는 말.
해고하다	고용주가 고용 계약을 해제하여 피고용인을 내보내다.
해괴하다	크게 놀랄 정도로 매우 괴이하고 야릇하다.
해독	몸 안에 들어간 독성 물질의 작용을 없앰.
해산하다	① 모였던 사람이 흩어지다. 또는 흩어지게 하다. ② 집단, 조직, 단체 따위가 해체하여 없어지다. 또는 없어지게 하다.

숙식하다:자고 먹다.

격식:격에 맞는 일정한 방식.

야릇하다:무엇이라 표현할 수 없이 묘하고 이상하다.

110

해저	바다의 밑바닥.
행렬	여럿이 줄지어 감. 또는 그런 줄.
행보	① 걸음을 걸음. 또는 그 걸음. ② 일정한 목적지까지 걸어서 가거나 다녀옴. ③ 어떤 목표를 향하여 나아감.
행세하다	세상에서 사람의 도리를 행하다. ② 처세하여 행동하다. ③ 해당되지 아니하는 사람이 어떤 당사자인 것처럼 처신하여 행동하다.
허구	① 사실에 없는 일을 사실처럼 꾸며 만듦. ② 소설이나 희곡 따위에서, 실제로는 없는 사건을 작가의 상상력으로 재창조해 냄. 또는 그런 이야기.
허용하다	① 허락하여 너그럽게 받아들이다. ② 주로 각종 경기에서, 막아야 할 것을 막지 못하여 당하다.
허위	① 진실이 아닌 것을 진실인 것처럼 꾸민 것. ② 그릇된 사고로 인하여 외관상은 정당하게 보이나 실은 어떤 점에서 논리적 원리나 규칙에 저촉된 것.
혁신하다	묵은 풍속, 관습, 조직, 방법 따위를 완전히 바꾸어서 새롭게 하다.
현대	지금의 시대.
현명하다	어질고 슬기로워 사리에 밝다.
현재	① 지금의 시간. ② 기준으로 삼은 그 시점. ③ 지금 이 시점에.
현저히	뚜렷이 드러날 정도로.
혐오하다	싫어하고 미워하다.
협력하다	힘을 합하여 서로 돕다.
형상화하다	형체로는 분명히 나타나 있지 않은 것을 어떤 방법이나 매체를 통하여 구체적이고 명확한 형상으로 나타내다. 특히 어떤 소재를 예술적으로 재창조하는 일을 이른다.
형식	① 사물이 외부로 나타나 보이는 모양. ② 일을 할 때의 일정한 절차나 양식 또는 한 무리의 사물을 특징짓는 데에 공통적으로 갖춘 모양. ③ 다양한 요소를 총괄하는 통일 원리. 사물의 본질을 이루는 것으로 해석된다.
형편없이	실망스러우리만큼 정도가 심하게.
호명하다	이름을 부르다.
호사가	① 일을 벌이기를 좋아하는 사람. ② 남의 일에 특별히 흥미를 가지고 말하기 좋아하는 사람.
호소하다	① 불러내거나 불러오다. ② 어떤 일에 참여하도록 마음이나 감정 따위를 불러일으키다.
호위하다	따라다니며 곁에서 보호하고 지키다.

처세하다 : 사람들과 사귀며 살아가다.

재창조하다 : 이미 있는 것을 고치거나 새로운 방식을 써서 다시 만들어 내다.

그릇되다 : 어떤 일이 사리에 맞지 아니하다. ② 어떤 일이나 형편이 잘못되다. ③ 어떤 상태나 조건이 좋지 아니하다.

매체 : 어떤 작용을 한쪽에서 다른 쪽으로 전달하는 물체. 또는 그런 수단.

관용구

빈 칸에 알맞은 낱말을 쓰시오.

1) | 하 | 을 떼다.

· 괴롭거나 어려운 상황을 벗어나느라고 진땀을 빼거나, 그것에 거의 질려 버리다.

2) | 하 | ㄴ | 부터 | 여 | 까지

· 어떤 것이나 다.

3) | ㅎ | 이 나가다.

· 정신이 정상적인 상태에서 벗어나 어리벙벙해져서 무엇을 잘 알아차리지 못하다.

4) | ㅎ | 느 | 과 | 따 |

· 둘 사이에 큰 차이나 거리가 있음을 비유적으로 이르는 말.

고유어

밑줄 친 낱말의 알맞은 뜻을 찾아 번호를 쓰시오.

1) 테이블은 방 한가운데에 놓여 있었다. (   )

2) 뭐야? 길에서 한뎃잠을 잔 거야? (   )

3) 눈물이 하염없이 흘렀다. (   )

4) 성진의 얼굴이 몹시 하얗다. (   )

5) 몸이 파리하게 여위고 안색이 나쁜 모습을 보니 마음이 좋지 않다. (   )

6) 그렇게 꽉꽉하게 굴지 마. (   )

7)그런 하잘것없는 일도 싸우다니 한심하다. (   )

> ① 한데에서 자는 잠.
> ② 시시하여 해 볼 만한 것이 없다. 또는 대수롭지 아니하다.
> ③ 융통성이 없고 꽤 고지식하다.
> ④ 몸이 마르고 낯빛이나 살색이 핏기가 전혀 없다.
> ⑤ 춥거나 겁에 질리거나 하여 얼굴이 핏기가 없이 희다.
> ⑥ 어떤 행동이나 심리 상태 따위가 자신의 의지와는 상관없이 계속되는 상태로.
> ⑦ 공간이나 시간, 상황 따위의 바로 가운데.

속담

속담의 뜻을 찾아 연결하시오.

1) 하자고 결심하면 못 해 낼 일이 없다 ●

2) 한번 엎지른 물은 다시 주워 담지 못한다 ●

3) 하늘의 별 따기 ●

4) 하늘이 무너져도 솟아 날 구멍이 있다 ●

5) 한 입으로 두말하기 ●

6) 하늘에서 떨어졌나 땅에서 솟았나 ●

● ㉠ 일단 저지른 잘못은 회복하기 어렵다는 말.

● ㉡ 아무리 어려운 경우에 처하더라도 살아 나갈 방도가 생긴다는 말.

● ㉢ 결심과 각오만 단단하다면 무슨 일이든 성사할 수 있다는 말.

● ㉣ 한 가지 일에 대하여 말을 이렇게 하였다 저렇게 하였다 한다는 말.

● ㉤ 뜻밖에 돌연히 나타남을 이르는 말.

● ㉥ 무엇을 얻거나 성취하기가 매우 어려운 경우를 비유적으로 이르는 말.

한자성어

보기를 보고 빈칸에 알맞은 말을 쓰시오.

1) 의지할 곳이 없는 외로운 홀몸. ▭

2) 성질이 거칠고 사나우며 도의심이 없음. ▭

3) 이미 잘못된 뒤에 아무리 후회하여도 다시 어찌할 수가 없음. ▭

4) 핏줄이 서로 통함. 곧 혈육의 관계가 있음을 이른다. ▭

5) 형상과 빛깔 따위가 서로 다른 여러 가지. ▭

6) 품은 생각을 터놓고 말할 만큼 아무 거리낌이 없고 솔직함. ▭

7) 뻔뻔스러워 부끄러움이 없음. ▭

8) 고생을 하면서 부지런하고 꾸준하게 공부하는 자세를 이르는 말. ▭

| 보기 | 후회막급 흉악무도 형설지공 혈혈단신
허심탄회 혈맥상통 형형색색 후안무치 |

113

빈 칸에 알맞은 말을 쓰시오.

1) 시험에 | 하 | 격 | 했다며?

· 시험, 검사, 심사 따위에서 일정한 조건을 갖추어 어떠한 자격이나 지위 따위를 얻다.

2) 내일까지 | 하 | 인 | 이 적용된다.

· 일정한 값에서 얼마를 뺌.

3) | 하 | | 가 기승을 부린다.

· 겨울철에 기온이 갑자기 내려가는 현상. 한랭 기단이 위도가 낮은 지방으로 이동하면서 생긴다.

4) 길거리는 | 하 | 적 | 했다.

· 한가하고 고요하다.

5) 할머니는 내가 | 하 | | 하는 집으로 자주 오셨다.

· 일정한 방세와 식비를 내고 남의 집에 머물면서 숙식하다.

6) 멀리서 | 하 | 성 | 이 터졌다.

· 여러 사람이 함께 외치거나 지르는 소리.

7) 이제 | 하 | 산 | 해도 되겠다.

· 산에서 내려오거나 내려가다.

8) 이런 | 하 | | 한 일이 생길 줄 몰랐다.

· 크게 놀랄 정도로 매우 괴이하고 야릇하다.

9) 수분 | 하 | | 이 높다.

· 물질이 어떤 성분을 포함하고 있는 분량.

10) 참으로 <u>혀</u>[ ] 한 선택이었다.

· 어질고 슬기로워 사리에 밝다.

11) 한 달 사이에 [ ]<u>ㅈ</u>|<u>히</u> 가격이 떨어졌다.

· 뚜렷이 드러날 정도로.

12) 고통을 <u>ㅎ</u>|<u>ㅅ</u> 하면서 약을 달라고 소리쳤다.

· 억울하거나 딱한 사정을 남에게 간곡히 알리다.

13) 매사 <u>혀</u>|<u>려</u> 하는 태도로 가산점을 받았다.

· 힘을 합하여 서로 돕다.

14) 지금껏 [ ]<u>ㅇ</u> 했던 것을 후회했다.

· 싫어하고 미워하다.

15) <u>혀</u>[ ] 바뀐 것은 아무것도 없습니다.

· 지금의 시간.

16)지금 [ ]<u>며</u> 하는 사람들은 손을 들어주세요.

· 이름을 부르다.

17) 신비로운 [ ][ ] 동굴을 탐사하고 싶다.

· 바다의 밑바닥.

18)이제 <u>하</u>[ ] 만 내면 된다.

· 한데 합하여 계산함. 또는 그런 수효.

115

Memo

정답

8쪽
· 관용구
1) 고삐   2) 가나다라   3) 간발   4) 기

· 고유어
1)②   2)①   3)③   4)⑦   5)④   6)⑤   7)⑥

9쪽
· 속담
1)ⓒ   2)ⓛ   3)ⓐ   4)ⓜ   5)ⓡ   6)ⓗ

· 한자성어
1)격물치지   2) 교언영색   3)고립무원   4) 관포지교
5)기사회생   6) 고관대작   7)괄목상대   8) 균화위지

10~11쪽
· 어휘탐구
1) 가감   2)가결   3) 간호   4) 가사   5) 거론   6)간략히   7) 귀가   8) 괴사   9) 권유   10) 구면   11) 긴축   12) 경청   13) 기교   14) 교훈   15) 가명   16) 감량   17) 과대평가   18) 기초   19) 간병   20) 건의

14쪽
· 관용구
1)꼬리   2)꽁무니   3) 꿀꺽   4) 꿀

· 고유어
1)②   2)①   3)⑦   4)③   5)④   6)⑤   7)⑥

15쪽
· 속담
1)ⓛ   2)ⓜ   3)ⓗ   4)ⓒ   5)ⓐ   6) ⓡ

· 어휘
1) 꾀병   2) 꼬박   3) 꽈배기   4) 꼬마

20쪽
· 관용구
1) 죽었소   2)날   3)노루   4)누구

· 고유어
1)⑤   2)⑥   3)⑦   4)④   5)③   6)①   7)②

21쪽
· 속담
1)ⓛ   2)ⓜ   3)ⓗ   4)ⓐ   5)ⓒ   6)ⓡ

· 한자성어
1)나나지성   2)능소능대   3)난득지물   4)낙위지사
5)난상공론   6)난망지은   7)노발대발   8)낙목공산

22~23쪽
· 어휘
1) 나약   2) 난동   3) 난항   4) 노고   5)낙서   6) 난간   7) 내성   8) 노숙   9) 낙담   10) 냉랭한   11) 노폐물   12)논란   13) 논어   14) 누설   15) 농간   16) 농후   17) 뇌사   18) 누수   19) 노예   20)노인

28쪽
· 관용구
1) 더웠다   2) 독   3) 등골   4) 단물

· 고유어
1)②   2)③   3)④   4)⑥   5)⑦   6)⑤   7)①

29쪽
· 속담
1)ⓜ   2)ⓐ   3)ⓒ   4)ⓡ   5)ⓗ   6)ⓛ

· 한자성어
1) 당연지사   2) 득의양양   3)다사분주   4) 다사다단
5) 다문박식   6) 등용문   7) 두문불출   8)대서특필

30~31쪽
· 어휘
1) 다혈질   2) 단아한   3) 단서   4) 담대   5) 단조롭다   6) 담소   7) 답사   8) 당돌한   9) 단연   10)대피   11) 독학   12) 돌진   13) 등장   14) 당선   15) 독신   16) 도피   17) 덕목   18)동정

34쪽
· 관용구
1)땅   2) 때, 광   3) 땀   4) 따끔한

· 고유어
1)③   2)④   3)②   4)①   5)⑦   6)⑥   7)⑤

35쪽
· 속담
1)ⓒ   2)ⓐ   3)ⓡ   4)ⓜ   5)ⓗ   6)ⓛ

117

· 어휘
1) 뜨개질 2)뚜껑 3) 떠넘기고 4) 딴전

40쪽
· 관용구
1) 맺고 2)먹고 3) 맞불 4) 목덜미

· 고유어
1)② 2)⑥ 3)① 4)③ 5)④ 6)⑤ 7)⑦

41쪽
· 속담
1)㉣ 2)㉢ 3)㉠ 4)㉣ 5)㉢ 6)㉡

· 한자성어
1) 만사형통 2) 미인박명 3)만수무강 4) 만경창파
5) 만장일치 6) 망망대해 7)만만다행 8) 망양보뢰

42~43쪽
· 어휘
1) 만료 2) 망라 3)막연히 4)망각 5) 만발 6) 만
삭 7) 만능 8)마찰 9)마감 10) 매진 11)몰골
12)무심히 13)면적 14)면식범 15) 매물 16) 매너
17) 무사 18) 무성

48쪽
· 관용구
1) 바닥 2) 버스 3) 바람 4) 변덕

· 고유어
1)③ 2)② 3)① 4)④ 5)㉠ 6)⑤ 7)⑥

49쪽
· 속담
1)㉣ 2)㉢ 3)㉠ 4)㉡ 5)㉢ 6)㉢

· 한자성어
1) 부화뇌동 2) 비명회사 3) 변화무쌍 4) 부자유친
5) 보무타려 6) 분주다사 7) 비몽사몽 8)빙탄불상용

50~51쪽
· 어휘 탐구
1) 박력분 2) 반숙 3) 발명가 4) 반려동물 5)
반응 6) 발언 7) 발성 8) 발악 9) 발색 10)
방심 11) 범람 12) 방랑 13) 변경 14) 보필 15)
배역 16) 번잡 17) 배우 18) 방치

54쪽
· 관용구
1)뼈 2) 뼈 3)뼈 4)뼈

· 고유어
1)⑥ 2)① 3)⑤ 4)④ 5)② 6)③ 7)⑦

55쪽
· 속담
1)㉠ 2)㉣ 3)㉡ 4)㉢ 5)㉣ 6)㉢

· 어휘
1) 삐죽이고 2) 삐쳤구나 3) 뼈아픈 4) 뼈다귀

60쪽
· 관용구
1) 서쪽, 해 2) 사람 3)사색 4) 사시나무

· 고유어
1)⑦ 2)① 3)④ 4)⑥ 5)⑤ 6)③ 7)②

61쪽
· 속담
1)㉡ 2)㉣ 3)㉢ 4)㉠ 5)㉢ 6)㉢

· 한자성어
1) 삼강오륜 2) 사친이효 3) 시기상조 4)사중
구활 5) 사농공상 6) 사군이충 7) 삼고초려
8) 산해진미

62~63쪽
· 어휘탐구
1) 산발한 2) 사교적인 3)사모님 4) 사건 5)
사악한 6) 사퇴 7) 산더미 8) 사색 9) 사례
10) 상담 11) 상습적 12) 상쾌한 13) 선행
14) 생일 15) 살균 16) 삽화 17) 상실 18)
서식

66쪽
관용구
1) 쐐기 2) 씨 3) 쓴입 4) 쌍벽

· 고유어
1)① 2)⑥ 3)④ 4)⑤ 5)③ 6)② 7)⑦

67쪽
· 속담
1)ⓒ 2)ⓗ 3)ⓐ 4)ⓓ 5)ⓔ 6)ⓜ

· 어휘
1)쓴웃음 2)쓸모없는 3)씹어야 4)쓰임새

72쪽
· 관용구
1)얘기 2)아쉬운 3)어깨 4)안개

· 고유어
1)⑦ 2)① 3)② 4)⑥ 5)⑤ 6)④ 7)③

73쪽
· 속담
1)ⓜ 2)ⓗ 3)ⓐ 4)ⓒ 5)ⓓ 6)ⓔ

· 한자성어
1)어로불변 2)엄동설한 3)언중유골 4)안마지로
5)악사천리 6)언행일치 7)악역무도 8)언어도단

74~75쪽
· 어휘탐구
1)아부 2)안주 3)안목 4)애원 5)액땜 6)아
마추어 7)쌍벽 8)애절 9)애석 10)야유 11)
엄습 12)야심가 13)약조 14)야생 15)업무 16)
언성 17)양복 18)야밤

80쪽
· 관용구
1)점 2)잔머리 3)자리 4)장난

· 고유어
1)⑦ 2)⑤ 3)⑥ 4)① 5)② 6)④ 7)③

81쪽
· 속담
1)ⓗ 2)ⓐ 3)ⓒ 4)ⓓ 5)ⓔ 6)ⓜ

· 한자성어
1)전전반측 2)전도유망 3)전전긍긍 4)자승자박
5)전력투구 6)전무후무 7)절체절명 8)적반하장

82~83쪽
· 어휘탐구
1) 자처 2) 자제력 3) 자존심 4)재결합 5) 잠적
6) 자축 7) 재고 8) 자만심 9) 자중 10) 전망
11) 적중 12) 정색 13) 정오 14) 쟁취 15) 재발
16) 절취 17) 접착 18) 전송

86쪽
· 관용구
1) 찔러 2) 찜 3) 짝 4) 찧고

· 고유어
1)⑥ 2)① 3)⑦ 4)④ 5)② 6)⑤ 7)③

87쪽
· 속담
1)ⓗ 2)ⓐ 3)ⓒ 4)ⓒ 5)ⓔ 6)ⓜ

· 속담 2
1)ⓜ 2)ⓐ 3)ⓒ 4)ⓒ 5)ⓗ 6)ⓔ

92쪽
· 관용구
1)삼천리 2)천하 3)단추 4)침

· 고유어
1)⑥ 2)① 3)⑦ 4)⑤ 5)④ 6)③ 7)②

93쪽
· 속담
1)ⓒ 2)ⓒ 3)ⓗ 4)ⓔ 5)ⓐ 6)ⓜ

· 한자성어
1)측은지심 2)침소봉대 3)칠전팔기 4)출가외인
5)초로인생 6)청천벽력 7)촌철살인 8)초지일관

94~95쪽
· 어휘탐구
1) 착오 2) 창궐 3) 착색 4) 착공 5) 처세 6)
참회 7) 차단 8) 차별 9) 착시 10) 천진 11)
체지방 12) 출세 13) 초특급 14) 청초 15) 천
적 16) 최후 17) 축소 18) 초면

98쪽
· 관용구
1) 코웃음 2) 코피 3) 코 4) 콩가루

· 고유어
1) ⑦ 2) ⑥ 3) ① 4) ④ 5) ② 6) ③ 7) ⑤

99쪽
· 속담
1) ⑪ 2) ⓛ 3) ⓒ 4) ⑤ 5) ⓛ 6) ⑩

· 속담 2
1) ⑪ 2) ⓒ 3) ⑩ 4) ⓛ 5) ⑤ 6) ⓛ

104쪽
· 관용구
1) 터 2) 피 3) 태산 4) 파리

· 고유어
1) ⑥ 2) ⑦ 3) ① 4) ④ 5) ⑤ 6) ② 7) ③

105쪽
· 속담
1) ⓒ 2) ⑪ 3) ⑤ 4) ⓛ 5) ⑤ 6) ⑩

· 한자성어
1) 패가망신 2) 포복절도 3) 풍비박산 4) 파란
만장 5) 팔척장신 6) 풍전등화 7) 피차일반
8) 파경

106~107쪽
· 어휘탐구
1) 퇴장 2) 퇴보 3) 탈락 4) 탐사 5) 퇴짜 6)
통감 7) 탈환 8) 타계 9) 탐독 10) 폐문 11)
폐활량 12) 패기 13) 포효 14) 포획 15) 표
준 16) 풍년 17) 포착 18) 폐쇄

112쪽
· 관용구
1) 학 2) 하나, 열 3) 혼 4) 하늘과 땅

· 고유어
1) ⑦ 2) ① 3) ⑥ 4) ⑤ 5) ④ 6) ③ 7) ②

113쪽
· 속담
1) ⓒ 2) ⑤ 3) ⑪ 4) ⓛ 5) ⑤ 6) ⑩

· 한자성어
1) 혈혈단신 2) 흉악무도 3) 후회막급 4) 혈
맥상통 5) 형형색색 6) 허심탄회 7) 후안무
치 8) 형설지공

114~115쪽
· 어휘탐구
1) 합격 2) 할인 3) 한파 4) 한적 5) 하숙
6) 함성 7) 하산 8) 해괴 9) 함유량 10)
현명 11) 현저히 12) 호소 13) 협력 14)
혐오 15) 현재 16) 호명 17) 해저 18) 합
계

국어 어휘력 카페 http://cafe.naver.com/nttoo
출간 이후 발견되는 오류는 국어 어휘력 카페의
〈정정게시판〉에서 확인하세요.